李樂 編著

天下四絕

國清寺在南宋時便為「江南十剎」之一，是佛教天台宗祖庭。寺外有古塔迎賓，雙溪迴瀾之勝，四周有五峰環抱，層林染翠之美。滿鬮溪邃、風光旖旎、樓臺寺宇植「樓臺晴全」。唐代時梅功德寺曾稱「天下四大師林之一」。靈岩寺建於東晉，歷史悠久，名列「海內四大名剎」之首。當陽玉泉寺為中國歷代著名的佛教寺院，是中國佛教天台宗黃隆創始人智者大師的道場和天台宗的祖庭之一。

弘燁文化

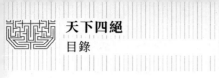

目錄

序言

文化是民族的血脈，是人民的精神家園。

文化是立國之根，最終體現在文化的發展繁榮。博大精深的中華優秀傳統文化是我們在世界文化激盪中站穩腳跟的根基。中華文化源遠流長，積澱著中華民族最深層的精神追求，代表著中華民族獨特的精神標識，為中華民族生生不息、發展壯大提供了豐厚滋養。我們要認識中華文化的獨特創造、價值理念、鮮明特色，增強文化自信和價值自信。

面對世界各國形形色色的文化現象，面對各種眼花繚亂的現代傳媒，要堅持文化自信，古為今用、洋為中用、推陳出新，有鑑別地加以對待，有揚棄地予以繼承，傳承和昇華中華優秀傳統文化，增強國家文化軟實力。

浩浩歷史長河，熊熊文明薪火，中華文化源遠流長，滾滾黃河、滔滔長江，是最直接源頭，這兩大文化浪濤經過千百年沖刷洗禮和不斷交流、融合以及沉澱，最終形成了求同存異、兼收並蓄的輝煌燦爛的中華文明，也是世界上唯一綿延不絕而從沒中斷的古老文化，並始終充滿了生機與活力。

中華文化曾是東方文化搖籃，也是推動世界文明不斷前行的動力之一。早在五百年前，中華文化的四大發明催生了歐洲文藝復興運動和地理大發現。中國四大發明先後傳到西方，對於促進西方工業社會發展和形成，曾造成了重要作用。

中華文化的力量，已經深深熔鑄到我們的生命力、創造力和凝聚力中，是我們民族的基因。中華民族的精神，也已深深植根於綿延數千年的優秀文化傳統之中，是我們的精神家園。

總之，中華文化博大精深，是中華各族人民五千年來創造、傳承下來的物質文明和精神文明的總和，其內容包羅萬象，浩若星漢，具有很強文化縱深，蘊含豐富寶藏。我們要實現中華文化偉大復興，首先要站在傳統文化前沿，薪火相傳，一脈相承，弘揚和發展五千年來優秀的、光明的、先進的、科學的、文明的和自豪的文化現象，融合古今中外一切文化精華，構建具有

中華文化特色的現代民族文化，向世界和未來展示中華民族的文化力量、文化價值、文化形態與文化風采。

為此，在有關專家指導下，我們收集整理了大量古今資料和最新研究成果，特別編撰了本套大型書系。主要包括獨具特色的語言文字、浩如煙海的文化典籍、名揚世界的科技工藝、異彩紛呈的文學藝術、充滿智慧的中國哲學、完備而深刻的倫理道德、古風古韻的建築遺存、深具內涵的自然名勝、悠久傳承的歷史文明，還有各具特色又相互交融的地域文化和民族文化等，充分顯示了中華民族厚重文化底蘊和強大民族凝聚力，具有極強系統性、廣博性和規模性。

本套書系的特點是全景展現，縱橫捭闔，內容採取講故事的方式進行敘述，語言通俗，明白曉暢，圖文並茂，形象直觀，古風古韻，格調高雅，具有很強的可讀性、欣賞性、知識性和延伸性，能夠讓廣大讀者全面觸摸和感受中華文化的豐富內涵。

隋代古剎　國清寺

　　位於浙江省天台縣天台山南麓，距天台縣城三公里處，有一座千年寺院巍然聳立，始建於公元五九八年，即隋文帝開皇十八年，初名天台寺，後改國清寺，南宋時為「江南十剎」之一的佛教天台宗祖庭。

　　該寺外有古塔迎賓、雙澗回瀾之勝；周有五峰環抱，層林染翠之美。清幽深邃，風光旖旎。

▋高僧智者親繪寺院格局

　　公元六、七世紀，是中國歷史上一個輝煌時代，也是佛教的黃金時代。這時有個叫智者的高僧，他是中國佛教天台宗的開宗祖師。

　　據說，智者大師俗姓陳，字德安，是荊州華容，即今湖北潛江西南地區人。父親是梁朝的官吏。

天台國清寺

　　智者大師十七歲時，正值梁末兵亂，顛沛流離、民不聊生，他就在荊州長沙寺佛像前發願為僧。

　　公元五六〇年，智者大師聽說南嶽高僧慧思禪師南下，居於光州大蘇山，也就是現在的河南光山縣，於是前往請益。慧思為他演說四安樂行，智者日夜勤習，造詣漸深。

　　四安樂行：佛教專有名詞。即大乘佛教初期經典之一《法華經》所載，菩薩於惡世弘揚《法華經》時，應安住的四種法：第一為身安樂行；第二為口安樂行；第三為意安樂行；第四為誓願安樂行。

■國清寺寺碑

　　公元五六七年，慧思臨去南嶽時，囑咐智者前往金陵弘傳禪法，智者和法喜等二十七人一同東下，到達陳都講禪。兩年後，智者又受請赴瓦官寺開講《法華經》，這為他樹立新的宗義，判釋經教，奠定宗教觀的基礎。

　　智者住在瓦官寺前後八年，除講《法華經》而外，還講《大智度論》和《次第禪門》，並寫出《六妙法門》等。

　　陳宣宗太建七年，即公元五七五年，智者大師帶著慧辯等二十餘名僧徒到浙江天台山，用茅草修成一座寺庵，這便是國清寺的雛形。

智者大師在寺庵內廣弘教法，創五時八教的判教方法，發明一念三千，二諦圓融的思想，形成天台宗的思想體系。他成為中國佛教史上第一個宗派天台宗的始祖，也是實際的創始者。因智者晚年居住於天台山，故稱為天台宗。因以《法華經》為主要教義根據，故亦稱法華宗。

■天台山遠景

在智者大師弘法的同時，隨著他的名氣一天天變大，連當朝帝王陳宣宗也聽說了他的大名。

智者大師的寺庵修好後的第二年，由於山上缺糧、交通閉塞，僧徒出走大半，唯有智者與弟子慧辯師徒共種胡麻，拾橡實子當作食物。

陳宣宗聽說此事，下旨把當時天台縣的賦稅貢獻出來，以資助智者的寺庵。有了陳宣宗的支持，寺庵的規模越建越大，後來那裡竟有了四通八達的街道。

公元五七八年，陳宣帝賜名智者的寺庵為「修禪寺」，並派吏部尚書毛喜題篆匾額親自送去，安置在寺門上。

　　吏部尚書：中國的古代官名，是吏部的最高長官，為中央六部尚書之首。掌管全國官吏的任免、考課、升降、調動、封勛等各方面事務。唐宋是正三品，明代是正二品，清代為從一品。通常稱為天官、塚宰、太宰等。

　　寺院的經濟有了保障，出走的僧徒陸續返山，慕名而來的亦不在少數。智者以身作則、恩威並施。眾僧以智者大師為榜樣，安心用功學法，無有不求上進者。

　　在修禪寺附近，至今還有一塊巨石，就是智者大師的說法處。這塊巨石呈盂形，長十二公尺，闊六公尺，高四公尺多，頂部平坦。

　　據傳公元五八一年，智者大師見很多河魚被捕殺，便向漁民講經說法，勸漁民務農棄殺，並用重金買下一個池塘作為專門的放生池。這是中國佛教史上第一次建立放生池，因此，可以說，智者是中國佛教史上第一位大行放生之舉的高僧。

　　智者大師在修禪寺坐禪修行，前後有十年。此後，在宣宗的兒子陳後主的懇請下，智者大師下山到金陵講經說法。但正值戰亂之時，智者即離開金陵雲遊，先後至廬山、南嶽、荊州、揚州等地。

　　金陵：是南京的別稱，亦是南京久負盛名的稱呼。南京在漫長的歷史中曾經有過很多名稱，其中最響亮的莫過於「金陵」了。時至今日，金陵仍是南京最雅緻而古老的別稱，一直沿用至今。

■國清寺前放生池

■深藏幽谷的國清寺

　　公元五九一年，晉王楊廣為揚州總管，遣使請智者大師往揚州傳戒。智者即前去為楊廣授菩薩戒，受到「智者」的稱號。

菩薩戒：大乘菩薩所受持之戒律。又作大乘戒、佛性戒、方等戒、千佛大戒。菩薩戒之內容為三聚淨戒，即攝律儀戒、攝善法戒、饒益有情戒三項，亦即聚集了持律儀、修善法、度眾生三大門之一切佛法，作為禁戒以持守之。

公元五九五年春，智者大師又從楊廣之請，再到揚州，撰《淨名經疏》。秋天，智者辭別楊廣，再歸天台，重整山寺，習靜林泉，這時他已經五十八歲了。

此時，修禪寺已荒廢，智者大師發願要在天台山另建佛剎，並親手繪製寺院格局，遺憾的是，寺院還沒有修好，智者大師便圓寂了。

智者大師畫好的這個寺院便是後來的國清寺，該寺的選址非常特別，四周圍五座山峰，分別是北倚八桂峰，東靠靈禽、祥雲兩峰，西依映霞、靈芝兩峰，五峰環繞。只在南面有個豁口，為通向天台的通道。

這一獨特的地理位置使國清寺深藏幽谷之中，可見智者大師對寺址的選擇有一番深意。

雖然大師沒有親眼看見國清寺的建成，但該寺最初的選址和格局布置都是由大師親自完成。後人為了感恩他做出的功德，便在國清寺後方山坡上的「法乳千秋亭」中，專門為他修建一座功德塔碑。

這法乳千秋亭也稱為祖師亭，是一座建在蒼翠松林中並有重檐挑角、方石鋪地的碑亭。碑亭的亭額上寫著「法乳千秋」四個金字，亭中「品」字形排列三座長方形的石碑。正中的豐碑便是為紀念智者大師而建的「天台智者大師讚仰頌碑」。

重檐挑角：重檐指重疊兩層或者兩層以上的屋簷。挑角常用於亭、台、樓、閣、宮殿、廟宇等建築的屋頂轉角處，四角平伸，輕輕佻起，比翹角屋頂稍微低些。

該碑座高八十六公分、寬八十六公分、長一點八六公尺、碑身高二點六公尺、寬一點二六公尺、厚十一公分，十分壯觀。碑的長篇碑文和詩，讚頌智者大師在天台山做出的功績。

【閱讀連結】

　　相傳，智者大師從江陵講法後來到天台山時，路遇一個慈眉善目的老和尚，言談中得知，這老和尚名叫定光，學識淵博，佛法高超，智者就拜他為師。

　　智者在天台弘揚佛法，想新建一座寺廟，定光老和尚指點他要找一塊山環水繞的福地建寺，並告訴他，還要記住「寺若成，國即清」這六個字。

　　智者問這是何故？定光說，當今世道，戰亂遍地，百姓遭殃，寺廟建成，國家就可以清平，百姓即可安居樂業。

　　智者依師父的話找到這塊福地，並親手繪製寺宇的式樣，不幸的是，圖樣剛剛畫好，智者就謝世了。

晉王楊廣協助建成寺院

天台國清寺的香爐

　　智者大師在圓寂前，還為晉王楊廣寫了一封《臨終遺晉王書》，智者大師在信中談到計劃在五峰山麓建一大寺之事，他寫道：

　　今日台頂寺，茅庵稍整。山下一處，非常之好，又更仰為立一伽藍，始剪木為基，命弟子營立。不見寺成，瞑目為恨！

　　寺若成，國即清！

　　晉王楊廣接書後，既悲痛又感動。公元五九八年，楊廣派遣司馬王弘至天台協助智者弟子灌頂，按照智者大師遺願，修建寺廟，並作《答智者大師遺旨書》。楊廣在書中強調：

　　創建伽藍，一遵指畫。寺須公額並立嘉名。亦不違旨。

　　所求廢寺水田以充基業。亦勒王弘施肥田良地。

　　司馬：中國古代官名，殷商時代始置，位次三公，與六卿相當，與司徒、司空、司士、司寇並稱五官，掌軍政和軍賦。春秋、戰國沿置。漢武帝時置大司馬，作為大將軍的加號，後亦加於驃騎將軍，後漢單獨設置，皆開府。隋唐以後為兵部尚書的別稱。

■寺內古老長明燈

其實，在晉王楊廣派出王弘前，智者的弟子灌頂便一直在為建寺的事忙碌，由於寺院資金不足，寺廟的修建修修停停。後來得到晉王的支持，寺廟的修建順利起來，到六〇一年，寺院修成，灌頂為寺院取名天台山寺。

楊廣稱帝後，尊智者大師「寺若成，國即清」的遺言，特賜該寺名為「國清寺」，為寺院的第一殿命名為大牙殿，並派使者在大殿門上安裝用雌黃填寫的篆書門匾。

雌黃：是一種單斜晶系礦石，在中國古代，雌黃經常用來修改錯字。同時，它還被作為一種罕見的清晰、明亮的黃色顏料用於繪畫調色。

篆書：是中國漢文字體之一。篆書是大篆、小篆的統稱。大篆指甲骨文、金文、籀文、六國文字，保存著古代象形文字的明顯特點。小篆也稱「秦篆」，

是秦國的通用文字，大篆的簡化字體，其特點是形體齊整、字體較籀文容易書寫。在漢文字發展史上，它是由大篆至隸、楷之間的過渡。

　　雖然，智者大師沒有親自主持國清寺的建造，也沒有親眼看到國清寺的建成。但是，無論是建造國清寺的創意，還是選擇國清寺的寺址，以及國清寺的總體規劃，都凝聚智者大師的智慧和心血。

　　為此，智者大師圓寂後，晉王在派人協助修建國清寺的同時，還派人在寺院東南的山坡上，修建一座塔。由於該塔修建於隋朝時期，後人便把這座古塔稱為隋塔。

■國清寺隋塔

　　佛龕：供奉佛像、神位等的小閣子，一般為木製，中國古代的石窟雕刻一般是神龕式，小龕又稱櫝。龕原指掘鑿岩崖為空，以安置佛像之所。中國雲岡、龍門等石窟，四壁皆穿鑿眾佛菩薩之龕室。

　　國清寺現存的隋塔是北宋初期重修的，原塔為樓閣式磚木結構塔，因年久失修外圍木結構損失殆盡，現僅存磚砌塔身。該塔內為空心，塔身黃褐色，高五十九公尺多，是六面九級。塔的建造非常別緻，二層以上塔面外有壺門，內有佛龕。外壁塔磚上，雕有三尊十八公分高的精美佛像。佛像秀眉善目，寬衣緊帶，造型生動，神態逼真。

　　與其他古塔不同的是，這座塔的塔頂上沒有通常的尖形塔頭，站在塔內，切可直接仰見藍天。

　　後來，人們給隋塔塔基加固，塔周新鋪台階，並植鮮花松柏，景色更為誘人。中華人民共和國成立後，隋塔還被列為浙江省省級文保單位。

　　與這隋塔同時修建的，還有離隋塔不遠處國清寺山門前的七佛塔，這是為紀唸過去七佛而建，塔共七座，所以，人們也稱其為「七支塔」。這七位佛祖分別為毗婆尸佛、尸棄佛、毗舍浮佛、拘留孫佛、拘那含牟尼佛、迦葉佛和釋迦牟尼佛。

　　據記載，隋朝時期七支塔的塔身正面，刻有七位佛祖的佛名，右側鑿有供佛燈的小洞穴，與塔身內部的洞穴相通。舊時信徒們常將經文、紙錢、祈禱文等投入洞內，但多被佛燈的燈火所引燃，以至於煙火把整個塔身都燻黑了。

　　現在的國清寺中的七支塔，是公元一九七三年在舊址上重新建造的，重建的七支塔造型與舊塔相同，只是塔身為實心。

　　另一方面，在灌頂大師修建國清寺時，還在大殿的右側親手種植了一株梅樹，關於這棵梅樹的種植還有這樣一段民間故事：

■國清寺七支塔

　　相傳，在臨海白水洋地方，有一對楊姓夫妻喜栽梅花。他們生有一女，取名「梅女」。梅女長到十八歲，聰明非凡，尤其是一手刺繡更是出色。這年春天，楊家院中梅花又盛放，鄉鄰們都來賞梅。

　　消息傳到城裡，一個不學無術的紈絝少爺也帶著家丁趕來賞梅。他見梅女美貌風姿，就動手去拉，梅女驚怒之下，拿起掃帚將他趕走，一時忙亂，頭上銀釵掉落地上。紈絝少爺隨手拾起，藏入懷中。兩日後，紈絝少爺請師爺出面，帶著彩禮來楊家求親。

　　師爺對梅女的父親說：「日前少爺來你家賞梅，已蒙梅女當面相許，並以銀釵為憑。」

　　梅父心知有異，喚出梅女相問，知道是紈絝仗勢要挾，遂斷然拒絕。師爺一聽，兩眼一瞪，留下彩禮，揚言三日後來娶親，拂袖便走。梅家父女心急如焚，與鄉鄰們商量，讓梅女改扮男裝到國清寺暫避。臨行，梅父將一包梅核交給梅女，要她種植寺中，留芳異地。

■塔頭寺遺址

　　梅女到國清寺，灌頂法師見她聰慧，就讓她協助整理經典著作。梅女私下又用薑黃色的絲線，將天台宗主要教義《法華經》繡在白色緞子上，積年累月，共繡了六萬九千七百七十七個字。

　　三年後，紈絝少爺暴病而亡，梅父來國清寺接女兒回家。梅女向灌頂獻上白緞經卷和一包梅核。灌頂打開經卷一看，驚喜萬分，感動得說不出話來。

　　白緞：指白色的緞子。常用蠶絲、聚酯纖維及其他纖維用緞紋織成的一種織物，靠經或緯在織物表面越過若干根緯紗或經交織一次，組織緊密，表面平滑有光澤。

灌頂法師把梅女留下的梅核埋在寺右的花壇裡，沒過幾年，梅樹越長越茂，每到早春，疏枝橫斜，香滿古剎。

這株梅樹至今仍保留在國清寺，不過因照料不周，隋梅曾數度枯萎。

國清寺前的石獅

中國人民共和國成立後，經過精心照料，隋梅轉青，當花開時，疏枝橫空，暗香浮動。就這樣，這棵梅樹歷經千年而不衰，成為中國最老的一株梅樹。

【閱讀連結】

關於隋塔的建造，還有這樣一個傳說。

據傳說，在國清寺內的五百羅漢，想為寺院增添風光，相約共造一塔。當他們忙於搬磚運石時，正巧南海觀音雲遊過此。觀音想要向羅漢借磚，在國清寺前建一石橋，卻遭到羅漢們的拒絕。

於是，觀音一氣之下將在金地嶺的塔頂尖頭牢牢鎮住。直至金雞報曉，天色轉明時，五百羅漢仍無法搬動。從此這座古塔的塔頂就少了塔頭，而在金地嶺上卻多了個塔頭寺，存放著一個塔頂的尖形塔頭。

天文學家一行求算國清寺

■一行（公元六八三年至七二七年），中國唐代著名的天文學家和佛學家，俗名張遂，魏州昌樂（即今河南省南樂縣）人。一行對天文學的貢獻非常突出。公元七二三年，他和時任率府兵曹參軍梁令瓚主持製造黃道游儀，並且重新測定恆星的位置。這比公元一七一八年英國科學家提出的恆星運動理論要早近一千年。

國清寺自隋朝灌頂建寺以來，經歷過幾次興衰。這些興衰與當時執政者的喜好是分不開的。一般說來，執政者信佛則寺興，反之，則寺衰。

　　唐代是佛教興旺發達的時期。在初唐，國清寺儘管沒有太大的發展，但也經營有術。公元六四六年，國清寺法華智威大師，還被唐太宗詔補為四大朝散大夫之一。

　　到了中唐，國清寺依然興盛。據資料記載，此時的國清寺是「松篁蓊鬱，奇樹璀璨，寶塔玉殿，玲瓏赫亦，莊嚴華飾，不可言盡」。

　　在這一時期，國清寺迎來一位尊貴的客人，這位客人便是高僧一行大師。

■唐玄宗李隆基（公元六八五年至七六二年），亦稱唐明皇。七一二年至七五六年在位。唐睿宗李旦第三子，母竇德妃。李隆基在位期間開創唐朝乃至中國歷史上最為鼎盛的時期，史稱「開元盛世」。但在位後期爆發安史之亂，使得唐朝國勢逐漸走向衰落。

　　說起一行與國清寺的關係，還要從他的著作《大衍曆》說起。當時，中國通行的《麟德曆》推測日食不準，唐玄宗李隆基就叫一行研究諸家曆法短長，改編新曆。接到命令後，一行根據《周易》，開始編寫《大衍曆》。

在編寫《大衍曆》過程中，一行碰到一些計算難題。當他打聽到國清寺的達真法師精通算法，便在公元七二一年，不遠千里來到天台山國清寺求師。在國清寺的門外，還有一塊「一行到此水西流」的碑石，上面清楚地記述關於一行這次到訪的事情經過。

這一天，國清寺達真和尚正在寺院中布籌運算，忽然達真對他的徒弟說：「今日有弟子從遠方來此，求我算法，大概快到了，你們到外面去接一接。」

《大衍曆》：公元七二七年，一行所作，後經張說和陳玄景整理成文，七二九年頒行，使用到七五一年。七三三年傳入日本，在日本使用近百年。《大衍曆》結構嚴謹，條理分明，共有曆術七篇，講具體計算方法。另有曆議十二篇，講曆法的理論問題，是一行為《大衍曆》寫的論文，通稱《大衍曆議》。

達真和尚又算一籌，說：「如果門前山溪水朝西邊流去，那這位弟子就到了。」

■寺前橋頭的石獅

達真和尚的徒弟們剛出門，便見到一行正站在寺廟前。這時，只聽得「嘩啦啦」一聲響，寺前本來往南流的澗水竟突然向西改流。

一行立即進門拜師，達真和尚激動地對弟子們說：「一行千里求算，真誠感天動地，連澗水都為之西流，何愁新曆不成。」

從此，一行就在達真和尚的指導下，經過兩年的刻苦鑽研，終於編成《大衍曆》。而「一行到此水西流」則成為虛心求教的千古佳話。

後來，隨著《大衍曆》的出名，一行在國清寺的經歷，也使這位既是科學家又是佛學高僧的傳奇人物，與國清寺結下不解之緣。

為了紀念一行大師，人們後來在國清寺門前的豐干橋旁邊，立下一塊「一行到此水西流」的石碑。

《大衍曆》的初稿完成後不久，一行便圓寂於國清寺。唐玄宗哀痛不已，賜謚「大慧禪師」，葬於銅人原。

銅人原：原指的是灞河以東的黃土台塬，即今洪慶原，即洪慶山森林公園。灞河，是中國陝西省境內的一條河流，發源於秦嶺。

後來，人們為了紀念一行在國清寺求算的經歷，又在國清寺山門前隋塔北面處修建一行禪師的紀念塚。墓塔通體白石雕砌，莊嚴肅穆，中書「唐一行禪師之塔」六個大字，明代的董其昌曾重題。

一行到此水西流碑

　　此塔是中國現存唯一的一行禪師衣冠塚，被中國列為國家級文物保護單位。

　　衣冠塚是葬有死者衣冠等物品，而並沒有死者遺體的墓葬。這是因為死者的遺體無法找到，或已葬在另一處，再於此地設衣冠塚以示紀念。

【閱讀連結】

　　公元七二三年，一行與唐代天文學家南宮說等人測量南北十三個地點的日影長短，打破「日影千里差一寸」的傳統說法，得出地球子午線一度之長為一百六十六點一四公里。

　　公元七二四年，一行和梁令瓚主持製造渾天銅儀。渾天銅儀用水力運轉。透過複雜的齒輪系統，可以顯示天系運行的情況，並可自動報時，是古代天文儀器研究的傑出成就。

　　除了有科學上的成就，一行又是佛教密宗的傳法大師和佛經翻譯家。唐玄宗時，密宗正式傳入中國。後來，天竺僧人善無畏攜梵文經典，經吐蕃到長安，次年開始譯《大日經》，由一行幫助翻譯。

　　一行一生著有《攝調伏藏》、《釋氏系錄》、《開元大衍曆》、《大日經疏》等書。

▌日本高僧最澄來寺取經

　　在天台宗開創者智者大師圓寂前，曾交給大弟子灌頂法師一把金鎖。大師鄭重地對弟子說：「國清寺建成之後，你將這把金鎖鎖在妙法堂樓上藏經閣的門上，一代一代傳下去。兩百年後，有東土高僧來取經，他如與天台宗有緣，這鑰匙一碰鎖就會自行開啟，可將閣中的《法華經》一部相贈。」

■智者大師塑像

　　智者大師所說的妙法堂是佛教天台宗講經說法的講堂。因天台宗的主要經典是《妙法蓮華經》，故講堂就稱「妙法堂」。

　　國清寺內現存的妙法堂重修於民國年間，是一座兩層樓五開間的精舍。堂前芭蕉茂盛，玉桂常青，環境清幽。妙法堂樓上為藏經閣，開敞明淨。閣內周轉排列百只木箱，珍藏《妙法蓮華經》、《大藏經》等經籍。

精舍最初是指儒家講學的學社，現在也指出家人修煉的場所。也常用於指道士、僧人或玄士修行者修煉居住的地方。如：唐代白居易的《香山寺新修經藏堂記》：「寺有佛像，有僧徒，而無經典。寂寥精舍，不聞法音，三寶闕　，我願未滿。」

■寺內景觀

藏經閣樓下為天台宗講席，是弘揚天台宗教義的場所。正中為精雕細刻的講座，座後掛有阿彌陀佛水墨畫像，座前擺有香案蒲團。

台宗講座兩邊分列幾十張長條桌。每當講經時，主講法師高踞台上，兩邊講座坐落老少僧眾和男女信徒，氣氛十分莊嚴虔誠。

再說智者大師留下金鎖後，隨著時間一天天地過去，國清寺的住持們把這把金鎖一代一代地傳了下去。直到過了兩百零七年後，公元八〇四年，天台宗傳到七世祖道邃法師時，果然從日本國來了兩位和尚。

這兩位和尚一個學識淵博，氣度非凡，法號最澄，另一個面目清秀，精通漢語，是最澄的弟子兼翻譯，名叫義真。

最澄法師在國清寺跟道邃法師學《摩訶止觀》等天台宗要義。幾年以後，道邃見最澄已精通天台宗經典，就選擇吉日在國清寺內的妙法堂舉行隆重儀式，將金鑰匙交給最澄。

南無妙法蓮華經：佛教術語，乃日本日蓮宗唱妙法蓮華經之題號，即皈依法華經之意。日僧日蓮主張，「妙法蓮華經」不只是一個題名，而是法華經所說的宇宙究極真理之意。

最澄棒著金鑰匙，上了藏經閣，抬手將金鑰匙一碰鎖孔，金鎖立即打開。頓時眾僧一齊高呼：「最澄有緣，台宗東傳！最澄有緣，台宗東傳！」

歡呼聲中，道邃法師將藏經閣內珍藏的《天台法華章疏》一百二十八部計三百四十五卷，贈給最澄法師。最澄回國後，在日本開創天台宗。

為了紀念最澄法師的取經盛事，日本佛教界人士來國清寺朝拜祖庭時，胸前的錦帶上，常繡有金鑰匙的圖案。

從最澄開鎖取經的傳說，我們可以看出，中日兩國人民的友誼源遠流長。後來，日本人為了報答中國贈經之事，還特捐資在國清寺興建報恩塔。

國清寺內的報恩塔建於公元一九八五年九月，高約三公尺。塔頂為黃銅寶頂，紫銅瓦蓋成，在陽光下熠熠發光，塔體為錄岩。

■「知恩報恩」塔

　　經幢：幢，原是中國古代儀仗中的旌幡，是在竿上加絲織物做成。後來改書寫為石刻在石柱上，因刻的主要是《陀羅尼經》，因此稱為經幢。

　　整個報恩塔呈四方形，正前方為日文的「南無妙法蓮華經幢一日蓮」碑名，另三面各嵌有黑底金字的經文。經幢下面刻有「知恩報恩」四字，為中國當代書法家趙樸初手筆。兩個「恩」字，前大後小，寓有所受之恩永遠都報不盡的深意。整座經幢結構精美，光彩照人。

　　報恩塔是日本天台宗分支——日本蓮宗的信徒捐贈建造。日蓮宗僧人非常敬仰國清寺智者大師，而且堅信法華經的源流是天台國清寺。因此，捐贈建造此塔的目的是表「知恩報恩」，故名報恩塔。

　　另外，人們為了紀念最澄曾到訪過國清寺這一事件，還在寺內的「法乳千秋」亭中，「天台智者大師讚仰頌碑」的左右兩邊，立有「最澄大師天台得法靈跡碑」和「日本最澄大師得法靈跡碑」。

■國清寺的石碑

　　這兩塊石碑明顯稍低於智者大師的紀念碑，石碑上的正面文字均為趙樸初撰書，背面為日本天台宗總本山延曆寺第兩百五十三代座主，山田惠諦長老題書。

　　這兩塊石碑和報恩塔的修建，可以看出最澄到訪國清寺可謂意義深遠，因為他不僅使天台宗得以在日本發揚光大，還加深中日兩國人民的友誼。

【閱讀連結】

據說，最澄禪師來到中國取經求法時，道邃法師為他沏了一杯天台山當地的名茶。最澄禪師喝完茶後非常喜歡，在後來修行的同時，也修成中國茶道的精髓。

回國之時，最澄帶去三件東西。一是佛經，據有關史料記載，最澄共帶去經書章疏等兩百三十部四百六十卷，以及相關的圖像與法器。二是茶種，他帶回的茶種，種植在日本比睿山，成為日本茶葉之祖。

法器又稱為佛器、佛具、法具或道具。廣義而言，凡是在佛教寺院內，所有莊嚴佛壇，以及用於祈請、修法、供養、法會等各類佛事的器具，或是佛教徒所攜帶的念珠、錫杖等修行用的資具，都可稱之為法器。

宋代時期成為「四絕」之一

公元一九八八年十二月，國清寺在營建寺內建築玉佛閣時，發現宋代建築遺址，並出土部分宋代文物。這些遺址和文物的發現，讓人不禁想瞭解，國清寺在宋代，到底經歷過什麼事？

公元九六〇年，宋太祖趙匡胤建立宋朝，一反前代北周的政策，給佛教以適當的保護。

在這之前，國清寺由於經歷唐武宗時期的會昌滅佛運動，已經在唐宣宗以後經歷過一次重修。

會昌滅佛：中國歷史上曾發生「三武一宗」的滅佛事件，「三武」指北魏太武帝拓跋燾、北周武帝宇文邕、唐武宗李炎，一宗指周世宗柴榮。會昌滅佛指唐武宗在會昌年間的毀佛活動。

■宋太祖趙匡胤（公元九二七年至九七六年），中國北宋王朝的建立者，生於洛陽夾馬營，祖籍河北涿州。出身軍人家庭，趙弘殷次子。公元九六〇年，他以「鎮定二州」的名義，發動陳橋兵變，黃袍加身，代周稱帝，建立宋朝，定都開封。在位十六年，他提倡文人政治，開創中國的文治盛世，是一位英明仁慈的皇帝，是推動歷史發展的傑出人物。

那是公元八四七年的事了，唐宣宗李忱即帝位，年號大中，詔告停止毀寺：

會昌季年，並省寺宇，厘革過當，事體未弘；其靈山勝境，天下州府，會昌五年所廢寺宇，有宿舊名僧，復能修創，一任住持，所司不得禁止。

　　唐宣宗（八一〇年至八五九年），唐朝第十八位皇帝，初名李怡，初封光王。武宗死後，以皇太叔為宦官馬元贄等所立。在位十二年。綜觀宣宗五十年的人生，他曾經為祖宗基業做過不懈的努力，延緩唐帝國走向衰敗的大勢，但又無法徹底扭轉這一趨勢。

　　然而，經過會昌滅佛，佛教各大寺廟經籍全部被焚，佛像、法器等皆被毀，佛教一時元氣大傷。公元八五一年，國清寺進行重建，唐宣宗加賜「大中」二字，詔散騎常侍柳公權為國清寺書額「大中國清之寺」。

　　散騎常侍中國古代官名。漢代時為散騎，是皇帝的侍從，與中常侍、中常官的性質相同。

　　但因一時財力緊張，至八五三年，國清寺還是「佛殿初營，僧房未置」。直至八五七年，日本僧人圓珍至國清寺，從天台宗十二祖——正定物外大師學天台教觀。同時帶來銀兩，國清寺才得以重建。

■寺內現存古牆

■寶相花紋是陶瓷器裝飾的傳統紋樣之一。是由盛開的花朵，花的瓣片，含苞欲放的花，花的蓓蕾和葉子等自然素材，按放射對稱的規律重新組合而成的裝飾花紋。

在國清寺內，位於大雄寶殿後約兩百公尺處山腰東側的岩石上，至今存有唐代柳公權所書「大中國清之寺」六字之雋刻。在同一岩石的左上方，留有宋代米芾所書「秀岩」，朱熹所書「忱石」等摩崖石刻。

岩石周圍還出土唐代寶相花紋瓦當及唐、宋青瓷、影青瓷碗、碎片等。這些遺跡讓學者認為，會昌滅佛後，大中年間置建的國清寺，應地處這一摩崖石刻前，東西方向面闊與南北方向進深各五十公尺左右的場地上。規模比會昌滅佛前小得多，比現在的國清寺更蔽隱，地高、勢幽。

影青瓷：也叫映青瓷。前身是青白瓷。被稱作「色白花青」的影青瓷為北宋中期景德鎮所獨創。其釉色青白淡雅，釉面明澈麗潔，胎質堅致膩白，色澤溫潤如玉，所以歷史上有「假玉器」之稱。

唐亡後，五代十國相承。在這五十年間，政局經歷多次分分合合。

當時，南方十國戰亂較少，政治相對穩定，加上國清寺所處的吳越國，又對佛教採取保護和支持政策，因此，國清寺不但沒有受到戰爭的破壞，還倖免於佛教史上最後一次毀佛之厄。

公元九七八年，吳越國王錢弘俶降宋，吳越不戰而亡。國清寺未經戰爭破壞。但因為距離唐宣宗的重建已經有很多年了，國清寺內的各個殿堂也該再一次的整修。

公元一〇〇五年，宋真宗趙恆賞金萬兩重建國清寺，並稱「景德國清寺」。

對於這段歷史，明代傳燈大師在他編撰的《天台山方外志》中曾這樣記載：

宋景德二年，改景德國清寺，前後珍賜甚夥，合三朝御書數百卷，後毀於寇。獨大師所題蓮經與西域貝多葉經一捲曲及隋旃檀佛像、佛牙僅存……

公元一九八八年十二月，國清寺發現的建築遺址距國清寺靜觀堂右側約四十公尺，在國清寺圍牆外，面積為三百四十平方公尺。出土文物有銘文磚、宋瓶、瓷碟、瓦當、銅鈴、石佛座等，伴隨出土的還有大量的宋代磚瓦、陶水管。

銘文磚長二十九、寬十四點八、厚五點六公分，上側銘文為「宋景德二年八月書」，下側銘文為「李記」。瓦當為圓形，菊花紋飾，徑長十八公分。地下還發現有下水道、卵石徑、木炭和房屋基礎。

瓦當是屋簷最前瓦片前端的圖案部分。是古建築的構件，起著保護木製飛檐和美化屋面輪廓的作用。瓦當的圖案設計優美，字體如行雲流水，極富變化。有雲頭紋、幾何形紋、饕餮紋、文字紋、動物紋等。

■宋真宗趙恆畫像

　　從出土文物可以看出，史載宋景德二年（公元一〇〇五年）「重建國清寺」是真實存在的，且當時所建的規模要大於現在的國清寺。

　　經過重修後，國清寺穩步發展，及至一〇六一年時，已是盛名遠播，人們將它與荊州玉泉寺、南京棲霞寺、濟州靈岩寺，並稱人間「四絕」。

　　又經過十一年的發展，在寺主仲方、副寺主利室、監寺仲文的努力下，國清寺成為佛教大寺，擁有真覺院、戒壇院、教跡院、三賢院、定惠院、十方教院、廨院、羅漢院等建築群體。

　　然而，國清寺又遭受一次大規模破壞。北宋末年的公元一一一九年，方臘在睦州青溪，即現在的浙江淳安，發動農民起義。其部將呂師囊在台州一帶活動，攻占過天台。

■寺內現存石刻

　　此次起義軍對國清寺造成較為嚴重的破壞，史書有載國清寺「毀於寇」之說。

　　一一二九年，國清寺奉詔修復，得到天台縣各地保甲的大力支持，許多保甲諸如葉楊甲、錢珀甲、曹田甲等，都有捐助建築材料。

　　保甲：舊時統治者透過戶籍編制來統治人民的制度。若干家編作一甲，若干甲編作一保。保設保長，甲設甲長。以便統治者對人民實行層層管制。保甲制是透過連坐法將全國變成一個大囚籠。

■寺內古老的石階

　　兩年後，南宋高宗皇帝下詔「易教為禪」，並敕差慧律任國清寺住持，許令每遇聖節進奉香疏，致使國清寺成為禪宗「江南十剎」之一。

　　此時，國清寺經濟已經相當雄厚，不僅擁有大量的寺產，而且在外地置辦有土地和莊園等。

　　江南十剎指杭州中天竺的永祚寺、湖州道場的萬壽寺、溫州江心的龍翔寺、浙江金華的寶林寺、奉化雪竇資聖寺、天台的國清寺、福州雪峰崇聖寺、南京靈谷寺、蘇州萬壽報恩光孝寺和蘇州虎丘雲岩寺。

【閱讀連結】

　　在國清寺「法乳千秋」碑亭左方，有一口圍著石欄的古泉，古泉旁有石碑一塊，上刻「錫杖泉」三個字。

　　據說，在宋朝期間，高僧普明曾在國清寺修行，當時，因寺內取水不便，普明便以錫杖頓地，說：「此處當有泉！」隨即就有泉水湧出。因此，這個泉便被命名為錫杖泉。

▌雍正時重建確定主軸線殿宇

　　到了一七三三年，國清寺奉敕重建，經十三年完工。這次重建，是國清寺在封建社會的最後一次大規模修建。

　　在這之前，元朝就曾重建過一次。但是重建後不久，由於天台山諸寺教禪互爭，所以國清寺又趨衰亡，事跡覆沒無聞。

■明太祖朱元璋（公元一三二八年至一三九八年），字國瑞，明朝開國皇帝，濠州鐘離即今安徽鳳陽人。原名朱重八，後取名興宗。一三六八年，帶領農民起義成功，於南京

稱帝。他是中國歷史上少有的草根皇帝。幼年由於身體不好，以及家中貧寒，在他十六歲時，家人把他送進一個佛教寺院做了一個多月的小行童。

明朝以後，雖然出生農家的明太祖朱元璋再次組織重修國清寺，但一三八四年，國清寺方丈室、佛殿、御書閣、鐘樓等又被風雨摧毀。僅土地堂、雨華亭和山門等保留下來。

公元一五四二年，國清寺略有起色。到一五六〇年，國清寺雨華亭又毀，十年後才重新建起，此時大雄寶殿卻又倒塌了。

■寺內的古山門

之後，由於連年的自然災害和各種人為的因素，國清寺毀壞嚴重，僅山門、古塔巍然獨存，一片淒涼景象。

直至康熙初年，國清寺殿宇虧損，牆多坍塌。繼之大雄寶殿又壞。於是，住持祖憲禪師向舊施主許均莊之孫許願平，募資重建。重建後的大雄寶殿，規模不小，堂廳可容數千人。

大雄寶殿是國清寺的主體建築。寶殿正門上，匾額的字是豎寫的，飾有龍紋，是此次重修時，康熙帝特別恩準。要知道，其他寺院，大雄寶殿四字大都是橫寫的，而天台國清寺的大雄寶殿是豎寫的，表明國清寺是享受類似於皇宮待遇的高規格寺院。

施主：僧道等稱施捨財物給佛寺或道觀的人，也泛稱一般的在家人。也指施與僧眾衣食，或出資舉行法會等的信眾。也譯作檀越、陀那鉢底、陀那婆。又作布施家。又梵漢兼舉而稱檀越施主、檀那主、檀主。如，唐杜荀鶴《題江寺禪和》詩：「江寺禪僧似悟禪，壞衣芒履住茅軒。懶求施主修真像，翻說經文是妄言。」

經過雍正年間修建後的國清寺，建築群體的規模大致保持現在的狀態，即沿主軸線的一系列殿宇，包括山門和鐘鼓樓，以及彌勒殿、雨花殿、大雄寶殿等三進建築及其兩側廂房。

其中，彌勒殿是現存國清寺的第一殿，又稱門神殿，殿的門楣上寫「國清寺」三個楷體大字。殿中央有歡喜相的大肚寬腹彌勒佛金身像。

■國清寺

據佛經說，彌勒佛又稱慈氏菩薩或阿逸多菩薩，是賢劫千佛中第五尊佛，後被尊為未來之佛，認為如來佛釋迦牟尼之後他將繼位為佛祖。

賢劫千佛：在佛典所述之宇宙循環成滅過程中，現在之中劫稱為賢劫，賢劫中出現於世之千佛即為賢劫千佛。小乘經典說過去有四佛或七佛出現，大乘佛典則進一步指出現在之賢劫有千佛，過去之莊嚴劫、未來之星宿劫亦各有千佛出世。亦即亙三世有三千佛出現。

另據歷史記載，晚唐時浙江奉化岳林寺有一和尚，常帶個乾坤袋，人稱布袋和尚。布袋和尚對一切善男信女都和藹可親，不擺架子，真心實意地樂於助人。

布袋和尚死後，被認為是彌勒化身。經歷代藝人的塑造，彌勒佛遂成今天袒胸露腹、喜笑顏開的模樣。

彌勒殿彌勒佛的背後立有身著盔甲的青銅韋馱立像。據說，他是佛祖的保護神，曾捨命追回佛祖的舍利子而被封為金身菩薩。

國清寺的韋馱佛手捧一柄金色寶杵，意思是，外地雲遊僧可來寺中「掛單」食宿。

掛單：佛教名詞。指行腳僧到寺院投宿。單，指僧堂裡的名單；行腳僧把自己的衣掛在名單之下，故稱掛單。判斷一座寺院是否接受掛單，最明顯的標誌是看韋陀菩薩的韋陀杵的方向：如果韋陀杵扛在肩上，表示本寺可以招待雲遊到此的和尚免費吃住三天；如果韋陀杵平端在手中，表示可以招待和尚免費吃住一天；如果韋陀杵杵在地上，表示不能招待雲遊到此的和尚免費吃住。

彌勒殿彌勒佛兩旁分列二天神，常稱哼哈二將，哈者張口，稱密執金剛；哼者閉口，稱那羅延金剛。

在彌勒殿後門楣上，還有一朱紅匾額，上書「神功叵測」四個大字。

通常佛寺宣揚佛法無邊、佛光普照，而這裡的意思是神功難測。人們乍讀神功叵測四字，可能有點費解。其實，細細一想，其義自明。無非是宣揚超凡的佛法非凡人可理解，這種故弄玄虛，旨在增加神祕感罷了。

舍利子：原指佛教祖師釋迦牟尼佛火化後留下的遺骨和珠狀寶石樣的生成物。印度語叫做馱都，也叫設利羅，譯成中文叫靈骨、身骨、遺身。一般是佛教高僧圓寂，經過火葬後所留下的結晶體。不過舍利子跟一般死人的骨頭是完全不同的。它的形狀千變萬化，有圓形、橢圓形，有呈蓮花形。顏色有白、黑、綠、紅等各種顏色。

雨花殿是現存國清寺的第二殿，又稱天王殿，殿門上的橫匾寫有「雨花殿」三字。

雨花殿之名在別的佛寺中難得見到。相傳，天台宗祖師智者大師曾在此講述《妙法蓮華經》，精誠所至，感動天庭，天上下起法雨天花。於是，這裡就有雨花殿之名。

■國清寺內雨花殿

銅鼎：從陶制三足鼎演變而來，最初用來烹煮食物，後主要用於祭祀和宴饗，是商周時期最重要禮器之一。鼎，古代原是飪食器，後來變為統治階級政治權利的重要象徵，視為鎮國之寶和傳國之寶，也是「明貴賤，別上下」等級制標誌。史載，天子九鼎，諸侯七鼎，卿大夫五鼎，士三鼎或一鼎。

雨花殿中供奉四大天王神像，俗稱「四金剛」。四大天王各護一方天下：南方增長天王，其身青色，執寶劍，其劍無鞘，表示寶劍永不入鞘，時刻維護佛法；東方持國天王，其身白色，持琵琶，但琵琶無弦，若加琴弦，則動聽天樂愈加美妙，易使人沉溺其中而不能自拔；北方多聞天王，其身綠色，執寶傘，其傘無架，無法為自己擋風遮雨，意為時刻警惕自己要保衛佛法；西方廣目天王，其身紅色，執蜃，蜃無鱗，在古代是作惡多端的動物，所以廣目天王去鱗鎮住它，用來廣度眾生。

　　蜃：中國神話傳說的一種海怪，形似大牡蠣，有人又認為它像一種水龍。能吐氣，並形成海市蜃樓。

　　中國民間習慣將四大天王所執的四種法器連在一起，隱喻風、調、雨、順，寄託「五穀豐登」、「國泰民安」的美好願望。

■國清寺內的燭台

　　鐘鼓樓位於彌勒殿和雨花殿之間的東西兩側，都是邊長六公尺、高十一點七公尺的正方形兩層樓建築。分別放置鐘、鼓。上下兩層中間相通，形成迴響共鳴。其中，銅鐘一式兩口，高一百七十五公分，寬一百三十四公分，另一口放置在大雄寶殿中。一般在國清寺舉行盛大節日或法事時用。

■國清寺內的大雄寶殿

　　穿過雨花殿，即可望見宏偉莊嚴的大雄寶殿。殿前月台正中豎立公元一九七三年重修國清寺時，從北京故宮運來，公元一七六八年所鑄的大青銅鼎。雙耳三足，呈塔形，高三點八公尺，雕有日月和法輪、寶傘、寶蓋、蓮花、寶瓶金魚、盤結等八寶圖案，是不可多得的藝術珍品。

　　法輪：可以譯作正法之輪。輪是佛教詞彙，在藏傳佛教中又稱金輪。在古印度，「輪」既是一種農具，也是一種兵器，佛教借用「輪」來比喻佛法無邊，具有摧邪顯正的作用。由轂、八個輪輻和外圈組成。

　　「大雄」是對佛祖釋迦牟尼的尊稱，意為如同大勇士一樣無所畏懼。國清寺的大雄寶殿九開間，闊三十點六七公尺，進深十九點七一公尺，高二十二點六五公尺，建築面積七百九十七平方公尺。是一座重檐歇山頂建築。

　　重檐歇山頂：歇山頂亦叫九脊殿。除正脊、垂脊外，還有四條戧脊。正脊前後兩坡是整坡，左右兩坡是半坡。重檐歇山頂的第二檐與廡殿頂的第二檐基本相同。整座建築物造型富麗堂皇。在等級上僅次於重檐廡殿頂。

　　大殿重檐下的豎匾上書「大雄寶殿」四個金色大字，是在公元一九七八年重修國清寺時趙樸初所題。

　　此殿供奉公元一九七三年重修國清寺時，從北京故宮運來的清代鑄造釋迦牟尼青銅坐像。此坐像外貼真金，連座高六點八公尺，重十三點五噸。雕塑精緻的佛像嘴角略翹，似顯微笑，安詳端莊，親切慈愛，令人神往。

■國清寺羅漢像

　　釋迦牟尼近旁站著他的兩位大弟子，年輕的一位是阿難尊者，年長的一位是迦葉尊者。他倆都是釋迦牟尼佛弘揚佛法的得力助手。

　　釋迦牟尼佛的左右兩旁，端坐十八尊金身羅漢像。這些佛像是元代時由楠木雕成，已有七百多年歷史，非常珍貴。

　　釋迦牟尼坐像背後，有南海普陀珞珈山全景和天台山一部分，正中是漂海觀音，善財童子和龍女隨侍。

　　南海普陀珞珈山乃是大慈大悲救苦救難觀世音菩薩修行講法的道場，此地佛光永佑，慧海潤物，乃是修行佛法的寶地。眾多慕名而來的善男信女，真純之士在此修煉。

大殿後壁釋迦牟尼佛左後側是騎獅子的文殊菩薩，代表智慧和威猛；右後側是騎白象的普賢菩薩，代表「理」和「德」。

傳說，釋迦牟尼說《華嚴經》的時候，以這兩位菩薩為上首，他們是佛祖弘法的得力助手，因此被尊為「華嚴之聖」。

雍正年間修建時，雍正皇帝還特賜「龍藏」一部，成為現在國清寺的珍藏。

關於這次國清寺的重建，乾隆御題國清寺碑是這樣記載的：

我皇考宏振宗風，昭宣覺海，不欲使古賢舊跡一旦即湮廢，爰發帑金，易其舊而新之。仍命專官往董（殷）事，鳩工（底）材，經始於雍正十一年癸丑八月，越乙卯歲八月乃告成功。

這次重建，使國清寺層檐斗拱，金碧輝煌，恢復往日光彩。

【閱讀連結】

相傳，釋迦牟尼佛兩旁的羅漢初為十六位，後來，一說是佛教傳入中國後，增添兩位中國僧人。另一說是唐末時，有兩個和尚畫羅漢像，把自己也加了進去，故稱十八羅漢。

還有一種說法是十八羅漢的第十七位，即「迦葉尊者」，是於清朝由乾隆皇帝欽定。據《法住記》說，十六位羅漢是佛陀的十六位大弟子，佛命他們常駐人間普度眾生。另一說法是第十七位羅漢是《法住記》的作者「慶友尊者」。

▌寶琳禪師改建寺院山門

經過雍正年間的重修後，國清寺在歷任主僧與合寺僧眾的努力下，不斷地維修和擴建。

一七八〇年，時任國清寺住持的寶琳達珍禪師又組織人員重修國清寺的山門和三賢殿，並建造禪堂、靜觀堂、羅漢堂等建築。寶琳禪師住持國清之時，「四方納子，餐風饕道者雲集影從，道法之盛，世所罕見」。

■山門上的金字

《台州府志》卷一百四十記載：「乾隆四十五年，邑令劉公敕請住持」。

在這次整修中，寶琳禪師將原先坐北朝南的山門改建為照壁，同時，新建一座朝東開設的山門。

國清寺現存的山門格局就是那次整修後留下的。寺前照壁寫「隋代古剎」四個大字，「隋」字引用隋唐時的古字，點出國清寺的年代悠久。

照壁的東側，即是國清寺在乾隆年間重修的山門。黛色的屋頂，青灰的牆體，朱紅的大門，十分莊嚴。門楣上，一塊紅底金字的木質橫置門匾，端書「國清講寺」四個大字。

國清，是佛寺的名稱，通常說「國清寺」。「國清講寺」則突出講經說法、弘揚教義的天台宗祖庭地位。

照壁是中國傳統建築特有的部分，明朝時特別流行，一般講，在大門內的封鎖物。古人稱之為「蕭牆」。在舊時，人們認為自己宅中不斷有鬼來訪，修上一堵牆，以斷鬼的來路。另一說法為照壁是中國受風水意識影響而產生的特殊建築形式，稱「影壁」或「屏風牆」。

■國清寺山門朝東

在中國，宮殿、佛寺、道觀以及民宅等門樓建築，大多依山傍水，坐北朝南。不僅有利於採光、避風，還合乎天道，順應天時，得山川之靈氣，受日月之光華。

可是，經過寶琳禪師組織重修的國清寺山門卻是朝東開設的，這是為什麼呢？

據說，這位寶琳禪師本是荊州人，俗姓陳，名達珍，號寶琳，別字獅崖。於一七八〇

年進入天台山任國清寺住持。上任後，他力事整飭，中興禪道，被僧眾尊為「寶琳珍祖」。

如此德行高深、令人崇敬的寶琳禪師，自然不會輕易改建山門。據說，他之所以這麼做，是出於以下四方面考慮：

首先，為求「紫氣東來」的吉祥寓意。紫氣，紫色的霞氣。古人以為，這是祥瑞之氣。

旭日東昇時，天邊往往浮現紫氣。古人便視東方為吉祥的方位。故曰「紫氣東來」。

第二，表示對天台宗開宗祖師智者大師的崇敬。當年，函谷關紫氣浮動，老子駕臨。關令尹喜熱情迎候，齋戒問道。還請老子著書立說，以惠後世。於是，老子在函谷關撰寫了洋洋五千言、彪炳千秋的《道德經》。

國清寺山門朝東，也是為了迎候聖人——智者大師。在國清寺建造之初，無論是建造國清寺的創意，還是選擇國清寺的寺址，以及國清寺的總體規劃，都凝聚智者大師的智慧和心血。日後的佛寺建造和歷朝的寺宇修葺，也完全仰仗智者大師的崇高威望和天台宗的深遠影響。因此，完全可以說，智者大師是國清寺的設計師、締造者，也是國清寺的守護神。

智者大師圓寂後，他的肉身被放置在國清寺東北佛隴山的塔頭寺。在天台宗弟子心目中，智者大師是永存的。開啟朝東的山門，就是為了迎接智者大師自東而來。

塔頭寺：又名智者塔院或真覺寺，俗稱塔頭寺，位於天台縣城北金地嶺佛隴山，始建於公元五九七年。院內供奉一座石製寶塔——智者大師肉身塔，塔高七公尺，雕刻典雅精緻，第一層正面龕中端坐智者大師塑像，神態逼真。

第三，為了彌補國清寺前略嫌狹窄的地形侷限。沿溪建築的國清寺，寺前沒有開闊的廣場。幸虧寶琳禪師的巧妙改造，才在豐干橋頭至「隋代古剎」照壁和「國清講寺」山門之間，拓展一處寺前廣場，讓遊人得以駐足休憩。

■雙澗是指發源於天台北山的北澗和發源於靈芝峰黃泥山岡的西澗,是天台八大景之一。其中北澗流經國清寺的東部和南部,西澗經國清寺西而下,兩澗成為天然的「護寺河」。

■國清寺菩提樹

　　第四,為了進一步營造五峰藏古的幽靜氛圍。如果說,五峰聳峙是國清寺獨特的地理環境。那麼,古樸自然,幽雅寧靜,則是國清寺獨具的佛寺氛圍。

在乾隆年間，寶琳禪師除了改建山門，還特別修整寺內供奉豐干、寒山、拾得三賢士的三賢殿。在三賢殿的殿門兩邊，寶琳禪師親自撰書楹聯：

楹聯：也就是對聯，是寫在紙、布上或刻在竹子、木頭、柱子上的對偶語句，言簡意賅，對仗工整，平仄協調，是一字一音的中文語言獨特的藝術形式。對聯相傳起於五代後蜀主孟昶。

為尋古剎耽山水；

來訪靈蹤識聖賢。

從寶琳禪師撰書的楹聯可以看出，禪師對古剎、聖賢的由衷景仰。

寶琳禪師新建的禪堂也被後人稱為大徹堂或雲堂，是僧眾晝夜坐禪行道之處。

禪堂的堂名取修持覺悟之意。門前有兩棵壽逾百齡的菩提樹，相傳釋迦就是在這種樹下大徹大悟而成佛，故又稱「覺樹」。以其子製成佛珠，極受信眾珍重。

與禪堂同時修建的羅漢堂，在中華人民共和國成立後被闢為文物室。公元一九七五年文物室整修開放，集中展出佛教天台宗的歷代祖師造影、天台宗主要經典著作、國清寺與日本佛教界友好交往等方面的文物。

特別引人注目的是，這裡有智者大師遺物衣缽及欽賜龍衣、欽賜銀亭、白玉臥佛、明萬曆銅鏡。還有八〇四年，日本高僧最澄入唐求法時的度牒，上有台州刺史的指示。這些文物，個個都異常珍貴。

此外，寶琳禪師在乾隆年間新修的靜觀堂等其他建築，後來均毀於兵火，不復存在。

【閱讀連結】

寒葉：安徽黟縣葉氏之子，青年時期曾經在上海震旦大學學習。個性柔和，喜歡儒學，明修齊治平之道。工於詩，博通外典。浮沉宦海，歷二十載，

兩袖清風。涉世既深，夙因斯發，他投九江甘棠湖煙水庵披剃，時年四十一歲。公元一九五八年，受國清寺住持之請，為國清寺山門撰書門匾。

據《國清寺志》記載，公元一九五八年中國文化部曾撥款修葺國清寺。山門在那時又經過一次修繕。近代高僧寒葉法師親自為國清寺山門撰書門匾和兩塊黃底黑字的木質豎立楹聯，楹聯寫著：

古剎著域中，創隋代，盛三唐，宗風遠播；名山傳海外，依五峰，臨雙澗，勝蹟長新。

這副楹聯，概括國清寺的悠久歷史、深遠影響和幽靜環境。

▌清代曹掄選補寫「鵝」字碑

去過國清寺旅遊的人都知道，在國清寺三聖殿左邊，有一塊高二點四一公尺，寬一點四二公尺，字徑二點一七五公尺的著名「鵝」字碑。

■王羲之（公元三〇三年至三六一年），東晉書法家，字逸少，號澹齋，漢族，祖籍琅琊，後遷居紹興。寫下著名的《蘭亭集序》，晚年隱居會稽下轄剡縣金庭，有書聖之稱。歷任祕書郎、寧遠將軍、江州刺史。後為會稽內史，領右將軍，人稱「王右軍」、「王會稽」。其子王獻之書法亦佳，世人合稱為「二王」。

相傳，這碑上的字是東晉大書法家王羲之所書。

那時，王羲之跟隨天台山華頂峰旁，靈墟山中的白雲先生學書法。

王羲之從小就就喜歡觀察水中嬉戲白鵝。一天，王羲之看見一白鵝振翅，筆隨心動，大書一「鵝」字。該「鵝」字，每筆均見鵝頭，如同一群活靈活現的鵝在水中引吭高歌。那天，國清寺住持正好在靈墟山的白雲先生那裡做客，他看見王羲之寫的字後，便派人把字雕刻成一塊碑，放在國清寺內。

不過，現存於國清寺內的「鵝」字碑，右半邊是王羲之的真跡，而左半邊，是天台山人曹掄選補寫上去的。字體兩邊渾然一體，幾乎達到亂真的程度。

在曹掄選補寫前，「鵝」字碑由於經歷歲月滄桑，碑石上的字只剩下一半，關於曹掄選補字的事，這裡還有一個小故事。

■寺內的鵝字碑

傳說，有一天曹掄選夜宿華頂山華頂寺，正在燈下練習書法，突然聽見窗外「撲」的一聲，接著閃起一道亮光。他疑是妖魔作祟，隨手拿起桌上的方硯向窗外擲去，但不見動靜。

過了一會，曹掄選掌燈出門觀看，只見石硯深陷地下，俯身拾起石硯，這塊石硯竟變得晶瑩如玉。此時，曹掄選想莫非是地下的寶物顯異，便請人連夜挖掘，挖不一會兒，忽然見到一塊石板。

曹掄選要僧人把石板抬到室內，洗淨一看，原來是一塊上面刻著半個「鵝」字的殘碑。曹掄選書法造詣很深，他認得這半個「鵝」字是王羲之的手跡，決心把它補全。

華頂峰：為天台山主峰，位於縣城北約二十五公里，為國家森林公園，華頂峰主峰海拔一千零九十八公尺。四周群山向而拱之，層層相裹，狀如百葉蓮花，華頂正當花之頂，故名「華頂」。頂峰最高處叫拜經台，曾是智者大師求拜《楞嚴經》的地方。這裡群峰疊翠，白雲繚繞，曉霧昏煙，雲氣氤氳盤結，故有「華頂歸雲」之稱。

■方硯：硯指寫毛筆字磨墨用的文具，多數用石做成，方硯即指方形的硯台。這裡的硯也稱「硯台」。以筆蘸墨寫字，筆、墨、硯三者密不可分。硯雖然在「筆墨紙硯」的排次中位居殿軍，但從某一方面來說，卻居領銜地位，是「文房四寶」之首。這是由於它質地堅實，能傳之百代的緣故。

主意打定後，曹掄選日夜臨摹王羲之的碑帖，整整練了七年，終於將「鵝」字殘缺的半壁補上。

為讓更多人能看到這一墨寶，曹掄選把這字碑搬到離華頂寺不遠的國清寺內豎起。

為了寫成半個字，竟然肯花七年功，這就是曹掄選補寫半邊「鵝」的傳說。

透過這個傳說，可以看出古人做事的執著精神。同時，也可知道，國清寺這塊凝聚王羲之、曹掄選兩位書法大家精華的鵝字碑是何等的珍貴。

【閱讀連結】

據說，王羲之愛鵝出了名。在他居住的蘭亭，還特意建造一口池塘養鵝，後來乾脆取名「鵝池」。池邊建有碑亭，石碑刻有「鵝池」二字。

提起這塊石碑，還有一個傳說。一天，王羲之正在寫「鵝池」二字。剛寫完「鵝」字，忽然有大臣拿著聖旨來到。王羲之只好停下來出去接旨。在一旁看到父親寫字的王獻之也是有名的書法家，他看見父親只寫一個鵝字，就順手提筆一揮，接著寫了一個池字。兩個字是如此相似，如此和諧，一碑二字，父子合璧，更是成了千古佳話。

二十世紀前期建東西軸線建築

公元一九一二年，清帝下詔退位，中國封建制度隨之解體，由於社會的變化，思想意識也相應改變。在這一時期，國清寺廣置田產，大興土木。

公元一九三〇年，天台宗高僧靜權法師應可興之請，為國清寺首座主講法師。他與諦閒、可興等法師據理力爭，恢復國清寺之講寺舊制。

靜權法師（公元一八八一年至一九六〇年），號實庵，俗姓王，名壽安。浙江省仙居縣工峻黃皮陳坑人。他自幼習儒，學習經書子史，有卓越遠見。二十四歲時喪父，投天台山國清寺，從師祖授能和尚座下，剃髮為僧，受比丘戒。

首座：寺院四大班首之一，地位僅次於方丈和尚，常由寺院中德業兼修者充任。首座是東、西兩序的首領，代住持統領全寺僧眾，即「表率叢林輔

翊住持」。首座的職責主要可概括為兩方面；一是輔佐住持，二是給眾僧作表率。

　　第二年，可興和靜權等法師為進一步弘揚智者大師的天台宗思想，創辦國清寺天台宗佛學研究社，並捐資建造迎塔樓和修竹軒。

■蔡元培（公元一八六八年至一九四〇年），字鶴卿，又字仲申、民友、子民，並曾化名蔡振、周子餘，紹興山陰人，原籍諸暨。革命家、教育家、政治家。公元一九一六年至一九二七年任北京大學校長，革新北大，開「學術」與「自由」之風。

■寺內精緻小樓

　　其中，新建的迎塔樓為西式賓館，樓門上的匾額為近代教育家蔡元培題寫，公元一九九八年進行改建，用於國清寺內接待香客、貴賓之用。

　　而修竹軒是一幢五開間雕梁畫棟的小樓。現存的修竹軒是招待中外來賓吃素齋的地方。大廳中名人字畫，賞心悅目，一橫擺開三張大圓桌，雪白的台布上陳放蘭花細瓷餐具，顯得分外高雅。

　　公元一九三五年，可興和靜權等人整修國清寺大塔，並築放生池，建妙法堂、安養堂、大悲樓。至此，國清寺西軸線建築群體完全形成。國清寺遂成為東南梵剎之冠。

　　放生池位於國清寺的西南角，從「雙澗縈流」的小門進去，只見古木蒼鬱，魚池如鏡。池邊立有一塊石碑，上書「魚樂國」三個大字，是由明朝書法家董其昌所書。

　　董其昌（一五五五年至一六三六年），明代官吏、著名書畫家。字玄宰，號思白、香光居士。南直隸松江府華亭人。他的書法以行草書造詣最高，他的書法綜合了晉、唐、宋、元各家的書風，自成一體，其書風飄逸空靈，風華自足。

　　國清寺現存的放生池坐落在寺內後來的庭院魚樂國中，裡面還有乾隆御碑、清心亭、魚樂國石碑等。

乾隆御碑鏤刻精細，碑側刻有鯉魚跳龍門的圖案，碑文寫著國清寺的優美自然環境和歷史沿革。

在可興和靜權大師組織的這次修建中，還在國清寺前，豐干橋南端的路邊，新建一面大大的黃色照壁，上面由現代佛學家王震題寫「教觀總持」四個大字。

這「教觀總持」中的「教」是指佛教的教理教義，是佛教的思想精髓，也就是理論。「觀」，是觀心觀法，體現佛教經典真理的修持方法，也就是實踐。「總持」是梵語「陀羅尼」的意譯，原意是總持一切無量佛法而不失散。簡單來說，就是「理念與實踐相結合」。這就是佛教天台宗的立宗之本，也是天台宗能經歷千年，至今仍然生機勃勃的原因所在。

公元一九四一年，國清寺住持慧蓮法師，建造方丈樓及其兩側廂房。此時，東軸線上的建築群體也告完成。

■寺內「教觀總持」照壁

宮燈：顧名思義是皇宮用的燈。主要以細木為骨架，鑲以絹紗和玻璃的彩繪燈，又稱宮廷花燈。以雍容華貴、宮廷氣派聞名於世。由於長期為宮廷所用，除照明外，還要配上精細複雜的裝飾，以顯示帝王的富貴和奢華。

國清寺現存方丈樓在整個寺廟建築群東部的中心位置上，是一座兩層七開間房子，前有僧眾用餐的齋堂，也叫聚賢堂，後有寺中賓館，也叫迎塔樓。

方丈樓前有一個很大的方石鋪地的院子，院中花木繁茂，五光十色，特別是一株大牡丹更顯秀姿。

方丈樓廊下，宮燈高懸。入方丈樓，只見正中直條排列三張八仙桌，兩旁各有三排茶几、木椅、方凳。上方掛有「弘闡天台宗」的大紅底金字匾額，額下排有名畫家邵宇、王子武所畫的智者大師水墨畫像，畫像旁掛有幾幅名人字畫。

整個方丈樓布置得十分富麗堂皇，是國清寺接待中外來賓的地方。

【閱讀連結】

據說，有一次董其昌來國清寺避暑，老方丈知道他是海內聞名的大書法家，請他題碑額，可是董其昌就是不肯下筆。

一天晚上，月明如水，董其昌來到放生池邊納涼。陣陣輕風，吹得他睡意頓起，恍惚間遇到名叫魚珠、樂珍、國珍的三位仙女。她們為董其昌唱起優美的歌曲，跳起優美的舞蹈，吹起優美的玉笛，樂得董其昌讚美不已。

董其昌醒後，若有所失，便依夢中情景，吟詩：「魚珠妙歌喉，樂珍柳枝腰；國珍金玉笛，游夢實逍遙。」

此時，國清寺方丈來到董其昌的身邊，聽了他的詩，笑呵呵地說：「你的詩真好，你把這首詩每句的第一個字連起來，不就是『魚樂國游』四字嗎？」

於是，董其昌應方丈之請，寫下了「魚樂國」四個大字。

新時期重建後的寺院風采

公元一九四九年，中華人民共和國成立。在政府的支持與保護下，國清寺積極參與土地改革運動。在土地改革中，國清寺分得田地和山林，並成立國清寺農業生產勞動股。住持滬雲法師還倡導「農禪合一制」，僧眾們白天參加農業勞動，自力更生；晚上則勤修持，與世無爭。

天台國清寺的石獅

公元一九五六年，靜權法師為大雄寶殿重塑金身。第二年，靜權法師被選為中國佛教協會副會長。

公元一九六三年，浙江省政府公布國清寺大塔和唐一行禪師塔為省級重點文物保護單位。從此，國清寺的歷史翻開新的一頁。

公元一九七三年，周恩來指示並撥款重修國清寺，還從北京運來一尊貼金佛像、一對漢白玉石獅、一頂大青銅鼎及其他各類法器等，恢復佛事活動，並對外開放。

其中，新調來的一對漢白玉石獅放置在彌勒殿前。這對石獅是清代文物，象徵獅哮吼百獸匿跡，七十二種幻相降伏，扶正祛邪。這對石獅中，腳下踩繡球的為雄獅，踩小獅子的為母獅。

重建後的國清寺坐北朝南，總面積七萬三千平方公尺，建築面積兩萬三千平方公尺，殿、堂、客房七百餘間，尚存清朝重建殿宇十四座。寺院由

數十個大小不同、風格各異的院落和建築群組成,殿宇依山而上,前低後高,檐牙高啄,很是壯觀。

寺院分為五條縱軸線,中軸線由南而北依次為彌勒殿、雨花殿、大雄寶殿、藥師殿、觀音殿。

■寺內古老的走廊

東一軸線最前面是客堂,正中站著柳枝觀音銅像,是各地僧人來本寺掛單的地方。接著是聚賢堂,也就是齋堂。第三為說法台,也就是方丈樓,是接待外賓的地方,四周掛滿名人字畫。最上面就是迎塔樓,匾額為蔡元培手書,是賓客下榻之所。

　　東二軸線為客堂、大徹堂、修竹軒。前面是大廚房，接著是大徹堂，正中坐著毗盧觀音銅像，是僧眾坐禪的場所，也稱選佛場。堂前院內東西兩角各有菩提樹一棵。最上面是修竹軒，為賓客吃飯的地方。

■寺內觀音殿一角

　　西一軸線為鼓樓、清心亭、三聖殿、三賢殿、妙法堂等。

　　西二軸線為伽藍殿、羅漢堂、玉佛閣等。

　　近兩千公尺廊沿貫穿全寺，通道廊沿有挑檐廊、連檐柱廊、重檐柱廊、雙層柱廊、單層柱廊、雙層雙檐廊等，集中國古建築各種廊沿形式。廊沿互應，禪門重重，高低錯落，明暗相間，是國清寺建築的特色，實為中國古代建築瑰寶。

　　挑檐是指屋面挑出外牆的部分，一般挑出寬度不大於五十公分。主要是為了屋面排水，對外牆也造成保護作用。一般南方多雨，出挑較大，北方少雨，出挑較小。

　　進寺門沿石甬道走上台級即是彌勒殿，面寬三間，歇山式。正面端坐祖胸露腹笑臉相迎的彌勒菩薩，背面站著態度恭敬的韋馱菩薩銅像，兩大金剛分坐兩旁。

　　雨花殿面寬三間，歇山式頂。殿前有石獅一對，是公元一九七三年由北京調運至此。後院東西兩側分別為鐘鼓樓，對稱於中軸線，均為重檐歇山頂。

鐘樓上懸掛的梵鐘，是公元一八一八年鑄造，音響洪亮，每天午夜迴蕩於五峰幽谷之中。庭院內有古樟、古柏各一對。

■寺內羅漢堂門匾

出雨花殿穿庭院，十二層二十四級石階而上即為大雄寶殿。殿前銅鼎爐高四公尺多。殿面寬七間，進深五間，重檐歇山，紅牆黑瓦，檐間豎額「大雄寶殿」四個字。

國清寺內的藥師殿位於大雄寶殿的後上方，殿宇建築富麗堂皇，重檐歇山式琉璃頂，光彩奪目，氣度不凡。這裡是供奉三世佛——藥師佛的寶殿。殿內藥師佛結跏趺坐於蓮台上，兩手結定印，托一寶塔，象徵功德。

琉璃：亦作「瑠璃」，是指用各色的人造水晶為原料，採用古代的青銅脫蠟鑄造法，高溫脫蠟而成的水晶作品。流雲漓彩、美輪美奐；晶瑩剔透、光彩奪目。琉璃是佛教「七寶」之一、「中國五大名器」之首。中國琉璃生產歷史悠久，最早的文字記載可以追溯到唐代。

定印：佛教姿態之一，又稱禪定印。以雙手仰放下腹前，右手置於左手上，兩拇指的指端相接。這一手印表示禪思，使內心安定之意。

旁邊站著他的兩位助手，左邊是手持日輪的左協持日光菩薩，象徵「日放千光，遍照天下，普破冥暗」。右邊是手持帶半月青蓮的右協持月光菩薩，

象徵「淨月遍照，柔光四射」。藥師佛與日光、月光菩薩稱為「東方三聖」，寓意為「日月升於樂方，以其光明普照眾生，使他們得到康樂幸福」。

國清寺內的觀音殿雄踞於國清寺藥師殿之後上方。殿內正中供奉千手千眼觀音木雕貼金像一尊，兩旁或立或坐觀音的三十二化身。整個觀音殿滿殿金光耀眼、光彩奪目。

觀音殿為美國洛杉磯天台山國清寺護法會夏荊山、楊茂慈、吳梅影等捐資建成。於公元一九八三年舉行隆重的開光大典和法會。

護法：保護、維持正法的意思。傳說佛陀派請四大聲聞、十六阿羅漢等護持佛法。而梵天、帝釋天、四天王、十二神將、二十八部眾等善神聽聞佛陀說法後，都誓願護持佛法，此等諸神總稱為護法神，或稱護法善神。此外，人世間保護佛法的人，亦稱之為護法。

觀音殿東有一古泉，周圍以石欄，旁立石碑一塊，上刻有「錫杖泉」三個字，並有碑文記：「宋僧普明坐禪於此，因寺內取水不便，以錫杖頓地曰：『此處當有泉！』水即湧出，故名。」

國清寺內的梅亭在大雄寶殿之東，原是伽藍殿，公元一九七三年改建而成。亭前有灌頂大師親手種植的古梅。梅樹旁有天台同盟會會員陳鐘祺、畫家賴少其等所書的「隋梅」碑記及跋語。

在國清寺彌勒殿前右側，西軸線最前面，西側高台上是國清寺內的清心亭，意在使人透過觀賞旁邊放生池內的清澈池水，激起好生向善之德，故名「清心亭」。

三聖殿在寺內放生池前面，殿為七間兩層建築，中間三層上下貫通，殿中供有西方三聖佛像。

其中，殿正中是西方淨土世界教主阿彌陀佛，左側供奉其左脅侍觀音菩薩，右側供奉右脅侍大勢至菩薩，為淨土宗主要供奉對象。

淨土宗：佛教宗派之一。因專修往生阿彌陀佛極樂淨土的唸佛法門，故名。該法門以信願唸佛為正行，淨業三福、五戒十善為輔助資糧。淨土信仰

是佛教的基本信仰，大乘各宗多以淨土為歸。東晉，慧遠大師在廬山東林寺建立蓮社，提倡專修該往生淨土的唸佛法門，又稱蓮宗。

國清寺內的伽藍殿原設在大雄寶殿東首，公元一九九一年建。伽藍即寺院。伽藍殿一般供奉守護佛寺土地的神像，古時又稱土地堂。

羅漢堂原在三聖殿之後，現存的為公元一九九一年新建，公元一九九八年開光，建築面積七六六平方公尺，是僅次於大雄寶殿的國清寺第二殿堂。正門堂額上的「羅漢堂」三個大字是清代末代皇帝溥儀的弟弟溥杰所書。

天台山也是中國五百羅漢的總道場。堂內所供奉神像採取「羅漢山」的形式，每尊高約一點四公尺，用香樟木雕成，用的是天台山傳統的漆金夾苧工藝。

五百羅漢神像形貌各異，栩栩如生。其中籍貫在天台的濟公活佛，是號稱「活濟公」的表演藝術家游本昌先生捐資一萬元製作的。

國清寺內的玉佛閣是公元一九九〇年新建，閣內存放由臺灣天台宗高僧慧岳法師於公元一九九〇年捐贈的釋迦牟尼玉佛，高一點三公尺，重三百二十公斤。

除了上面的古蹟名勝外，國清寺還有中韓天台宗祖師紀念堂、佛堂、安養堂和大悲樓等多處景點。這些古蹟名勝以厚重的歷史感和在佛教史上的獨特地位，每年都吸引大量遊客前來參觀。

【閱讀連結】

天台山傳統的漆金夾苧工藝，是為各種製品外表裝飾和保護的一種獨特技術，其製作由四十八道工序組成。用天台本地的原始生漆、苧麻、五彩石粉、桐油等十三種原材料，在麻布、漆料層層包黏、反覆打磨後再塗以硃砂等輔料，貼上金箔和拋光，。此種工藝已列入中國非物質文化遺產名錄。

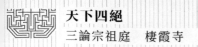

三論宗祖庭　棲霞寺

棲霞寺坐落在江蘇南京城東北處的棲霞山中峰西麓，始建於南齊永明七年（公元四八九年），距今已有一千五百餘年的歷史。公元四八九年，隱士明僧紹舍宅為寺，稱「棲霞精舍」，這便是棲霞寺建立的開端。

唐代時稱功德寺，增建殿宇四十餘間，規模很大。棲霞寺不僅規模宏大，殿宇氣派非凡，是南京風景最佳處，且因其在中國佛教史上的重要地位而聲名顯赫，與山東長清的靈岩寺、湖北荊山的玉泉寺、浙江天台的國清寺並稱「天下四大叢林」。

明僧紹改家宅為棲霞精舍

在中國南朝齊代時，有一位出生在南齊名門望族的明僧紹，他在這個時期，為中國的佛教做了一件大事，是什麼事呢？

原來，這個明僧紹把自己家的住宅改建成一座寺廟，並為這個寺廟取名為棲霞精舍，而這寺廟便是後來的棲霞寺。

　　明僧紹，字徵君，出生於山東平原郡一個信仰佛教的世家，具有很高的儒學修養。由宋至齊，多次拒絕朝廷的徵辟。最初，他在長廣郡即今山東青島一帶聚徒講學。公元四六六年，由於淮北四州淪於北魏，他隨家族南下建康（即今天的南京）附近，四八〇年，他定居在建康城東郊的棲霞山。

　　按察副使：明初所設按察司的副長官，正四品，後改為從四品。其職掌一為按職分巡察兵備、學政、海防、清軍、監軍等；一為按地區分巡察、儉視刑名按劾等。初為臨時性質，後逐漸形成分巡道，故又稱道員。

　　據說，這個棲霞山本來是叫傘山的，後來因為這座山中多產滋生藥物，所以改名為攝山。明代的按察副使馮時可在他的《遊攝山棲霞寺記略》中記載：

■棲霞山的棲霞寺

　　攝山舊名傘山，以其形團如蓋也，或以地宜藥物，易今名焉。

　　這就是說，從棲霞山的主峰，三茅宮峰、鳳翔峰以下，全山地勢如張傘，所以棲霞山又名傘山。

　　但又由於這座山盛產諸如甘草、野參、當歸、茯苓之類的中草藥，有滋養攝生的效用，所以又有攝山之稱。

茯苓：俗稱茯靈，為寄生在松樹根上的菌類植物，形狀像甘薯，外皮黑褐色，裡面白色或粉紅色。古人稱茯苓為「四時神藥」，功效非常廣泛。

在南朝以前，攝山常有猛虎出入，為此，棲霞山又名虎窟山。不過，在棲霞山所有的名稱中，攝山一名較普遍，它的北麓至今仍有攝山湖、攝山營等，都是以此命名。

■寺內建築群

明僧紹為什麼要把自己的家改成寺廟呢？

當時，在明僧紹家鄉近有一沙門法度禪師在講《無量壽經》，明僧紹與他交往很深，待以「師友之敬」。後來，明僧紹就在公元四八九年把自己的宅第捐給佛門，修成寺廟。據史書記載，「因即鄰崖構宇，別起梵居，聳嶠飛柯，含風吐霧，棲霞之寺由此。」

沙門：又作娑門、桑門，起源於印度列國時代。意為勤息、息心、淨志，其思想為印度哲學的重要內容。沙門中最有影響的派別是佛教、生活派、順世派、不可知論派等。沙門分為四種：勝道沙門、示道沙門、命道沙門和汙道沙門。

當時建成的寺宇稱為「棲霞精舍」，「棲霞」之名就是從這裡開始的。

關於這段歷史，《高僧傳》法度禪師傳略中亦有記載：

齊郡明僧紹，抗跡人外，隱於琅琊之攝山，挹度清真，待以師友之敬，及亡舍所居，為棲霞精舍，請度居之。

在明代兵部侍郎汪道昆的《棲霞般若堂記》中亦有記載：

齊徵君明僧紹供法度禪寺，居攝山。太始中，徵君以其舍為棲霞寺。

兵部侍郎：古代的官名，兵部副長官，明代為二品，清代為正二品。「兵部」源於三國魏的「五兵制」，隋唐以後設立兵部，掌全國武官選用和兵籍、軍械、軍令之政，歷代相沿。如現在的國防部。「侍郎」，相當於今日的副部長、次長。尚書是部長。

關於明徵君，唐高宗的「御製攝山霞寺明徵君碑」中說：

南齊徵君明僧紹者，平原人也……徵君早植淨因，宿苞種植，悟真空於倚歲，體法華於素襟，照與神通，心將道合。遺榮軒冕，少無塵染之情，托志村岩。

唐高宗的御製攝山霞寺明徵君碑現在仍存於棲霞寺寺門前，又稱「明徵君碑」「明徵君碑」，或「明僧紹碑」，為江南古碑之一，並覆以碑亭。碑是唐高宗李治在公元六七六年建立的，碑高二點七四公尺，寬一點二一公尺，厚零點三六公尺。此碑歷經一千多年的風雨侵蝕；尚能不失其當年風彩，堪稱奇蹟。在中國現存唐碑中，是極罕見的文物珍品。

■唐高宗李治（六二八年至六八三年），字為善，唐太宗的第九個兒子，母文德順聖皇后長孫氏，公元六三一年封晉王。太宗去世後，李治即位，是為唐高宗，時年二十二歲。

更令人稱奇的是，該碑碑面上有許多豆粒狀白色斑紋，恰如朵朵含苞欲放的梅花，故有「梅花石」之稱。經地質學家研究確認，這種斑紋是兩億八千萬年前淺海中的動物海百合莖化石和中國孔珊瑚化石，全碑約有海百合莖化石兩萬兩千多個。碑下龜趺頭部又有球希瓦格蜓化石，證明它是用兩億八千萬年前之石雕刻而成，這些內含物更加提高了全碑的研究觀賞價值。

此碑碑文由唐高宗親自撰寫，並由著名書法家衛尉少卿高正臣書寫，碑額篆書則由唐代著名書法家王知敬所寫。

石碑筆法俊逸清秀，剛柔有致，字體結構與《聖教序》彷彿，可見當時書體風格特點，石碑的碑面除碑額王知敬篆書「明徵君碑」四字外，均為行書，共七千三百七十六字，現尚存兩千三百六十三字，僅缺十三字，字跡清晰可辨。

行書是介於楷、草間的一種書體。寫得比較放縱流動，近於草書的稱行草；寫得比較端正平穩，近於楷書的稱行楷。「行」是「行走」的意思，因此它不像草書那樣潦草，也不像楷書那樣端正。

■龜趺指碑的龜形底座。龜趺又名贔屭、霸下。傳說霸下在上古時代常馱著三山五嶽，在江河湖海裡興風作浪。後來大禹治水時收服了它，並搬來頂天立地的巨大石碑，上面刻上大禹治水的功績，叫霸下馱著，沉重的石碑壓得它不能隨便行走。中國古代一些顯赫石碑的基座都由霸下馱著，在碑林和一些古蹟勝地中都可以看到。

石碑的碑陰有「棲霞」兩個大字，據傳為高宗親筆，筆力遒勁、雄渾。此碑文中提到明徵君無意仕途的思想，碑文中說：

■寺院山門

建元六年，又下詔明徵君為散騎侍郎，又不就。

散騎侍郎：古代的官名。又稱員外散騎常侍，是伴隨在皇帝乘馬乘車時的近臣，負責在皇帝左右規諫過失，以備顧問。地位略低於散騎常侍，都是高才英儒擔任。就是皇帝的顧問、諫臣。

由於明僧紹不戀功名富貴，又捨棄家宅建立棲霞精舍，因此後來的文人墨客來到棲霞寺，就有不少人寫詩懷念他，唐代詩人劉長卿和顧況分別寫了下面的兩首詩。

霞寺東峰尋明徵君故居

山人今不見，山鳥自相從。

長嘯辭明主，終身臥此峰。

泉源通石徑，澗戶掩塵容。

古墓依寒草，前朝寄老松。

片雲生斷壁，萬壑遍疏鐘。

惆悵空歸去，猶疑林下逢。

攝山

明徵君舊宅，陳後主題詩。

跡在人亡處，山空月滿時。

寶瓶無破響，道樹有低枝。

已是傷離客，仍逢靳尚祠。

【閱讀連結】

　　在上文《攝山》這首詩中，顧況提到「靳尚祠」，這裡面還有關於棲霞寺建寺時的一個傳說。

　　相傳，楚國大夫靳尚在楚懷王面前進讒言，致使屈原投汨羅江自殺。靳尚死後，化作蟒蛇，盤踞棲霞山，至法度來到棲霞山時，靳尚已統治該山七百餘年。

　　在此期間，屢有道士欲居住此山，建立道觀。靳尚以其心意不誠，運用魔法，使道士非病即死，所以再也沒人敢來定居。然而，自法度進駐棲霞山一年多，靳尚感到「法師道德所歸」，自願奉獻出盤踞多年的棲霞山，並請求皈依佛門，永結來緣。法度禪師提出靳尚只有戒殺方可皈依佛門，靳尚應允，受戒而歸。

　　從此，靳尚成為棲霞山的守護神，人們給他建祠堂，並以素食供奉他。這只是一個傳說，然而可從這裡看出，棲霞寺的開山祖師法度的道德，是人和魔都欽服的。

南朝時期開鑿千佛崖石窟

　　在明僧紹捨棄自己的房屋建立「棲霞精舍」後不久，一天晚上，明僧紹在夢中見到棲霞山西岩壁上有佛主如來的佛光。他激動萬分，怔怔地站著，雙手合十。

棲霞山千佛崖石窟佛像

醒來後，明僧紹立即前往棲霞山西岩壁邊觀察，恍惚中，他似乎再次看到石壁上躍動佛祖身影。他有所參悟，當即跪拜，並許願要在壁崖上築窟造像，以度天下生靈。

可是，由於種種原因，明僧紹直至去世前也沒有開始動工。明僧紹只好把這個心願留給自己的兒子去完成。

棲霞精舍建立後的第二年，明僧紹的兒子承父遺志，廣為化緣，請來高僧和當時的知名石匠，並在法度禪師的幫助下，開始在棲霞山東北紗帽峰的山崖上鑿石造佛。

紗帽峰：位於南京東北部的棲霞山風景區中峰脊部，是棲霞寺千佛岩石窟東區的景點。四周佛龕密布，奇峰屹立，因其形狀酷似古代官員們的烏紗帽而得名。

他們首先鐫刻一座高達十三點三公尺的無量壽佛，所以此殿被稱為「無量殿」。

大佛的造像設計人為齊梁時期建康著名的高僧僧祐，史書上稱他不僅精通律宗，而且「為性巧思，能自準心計，及匠人依標，故光宅、攝山大象，剡縣石佛等，並請祐經始，準畫儀則」。

後來，他們又在主佛的兩側各鑿高達十一公尺的觀音和勢至兩菩薩，這三佛合稱「西方三聖」，為此，該殿也稱「三聖殿」，俗稱「大佛閣」。

這三尊大佛和菩薩，體形巨碩，拔地參天，體現一種崇高莊嚴之美。

■洛陽龍門石窟是中國石刻藝術寶庫之一，位於河南省洛陽市南郊伊河兩岸的龍門山與香山上。開鑿於北魏孝文帝遷都洛陽之際，之後歷經東魏、西魏、北齊、隋、唐、五代的營造，南北長達一千公尺，至今存有窟龕兩千三百四十五個，造像十萬餘尊，碑刻題記兩千八百餘品。其中「龍門二十品」是書法魏碑精華，褚遂良所書的「伊闕佛龕之碑」則是初唐楷書藝術的典範。

■大同雲岡石窟位於中國北部山西省大同市以西十六公里處的武周山南麓。石窟始鑿於公元四五三年，大部分完成於北魏遷都洛陽之前，造像工程則一直延續到正光年間。現存主要洞窟四十五個，大小窟龕兩百五十二個，石雕造像五萬一千尊，最大者十七公尺，最小者僅幾公分。與甘肅敦煌莫高窟、河南龍門石窟並稱「中國三大石窟群」，是世界聞名的石雕藝術寶庫之一。

再說三聖殿的佛龕、菩薩鑿好不久，佛龕頂上突然出現佛光。於是，齊、梁兩代的皇族和貴族為了祈福，紛紛在棲霞寺後依崖之高下，出資鑿刻佛像。

　　至五一一年，歷時二十七年，崖上的佛像形成石窟群。其建造年代早於洛陽龍門石窟，晚於大同雲岡石窟。

　　後來，唐、宋、元、明各代也先後在紗帽峰上開鑿佛像，連南朝在內，共有七百尊。佛像大者高數丈，小者僅盈尺。其中「大佛閣」為開鑿時間最早、規模最大的一座石窟。

　　現存的棲霞山石窟群自大佛閣東去，山岩上及岩北側，嶺上嶺下，依岩上高低，就石壁鑿窟造像，有立有坐，大小各異，有的端莊渾厚、有的笑容可掬、有的神態虔誠、有的慈祥嫻靜，或五六尊一龕，或七八尊一窟，有十來尊一室者，亦有二十餘尊一堂的。龕內布局，或一佛二菩薩，或一佛一弟子。

　　窟門兩側常有天王力士像，有的佛座下蹲有雙獅，稱獅子聽道，佛像大者高達數丈，小者僅有盈尺。石窟佛龕平面多馬蹄形。單室無前壁，穹隆頂，三壁環壇或正壁起壇敞口無門。部分石窟佛龕保存有明代的磚石門壁。

　　馬蹄形：三面構成 U 字形而一面是直線的形狀。過去人們開發的蹄形磁鐵與軍馬蹄子上的馬掌鐵形狀接近，所以馬蹄形就泛指帶有開口的環形物品。

■棲霞山千佛崖石窟一側

　　穹隆本身指天空，也形容如天空般的中間高，四周下垂的樣子，同時也泛指高起成拱形的建築形式。穹隆頂就是穹隆式的屋頂，一般從外形來看為球形或多邊形屋頂形式。如伊斯蘭教清真寺中的天房，室內頂部呈半圓形，就可以叫做「穹隆頂」。

　　公元一九二五年十二月著名考古學家向達先生透過實地調查，共統計出石窟佛龕兩百九十四個，造像五百一十五尊。公元一九九四年南京市博物館又進行重新調查，共計大小石窟佛龕兩百五十個，造像五百二十尊。為此，這一石窟群被命名為「千佛崖」。這些石窟佛龕大小錯落、點綴在石壁上，近看如龍宮鳳闕，遠望似蜂房鴿舍。景象蔚然壯觀。

　　千佛崖石窟開鑿在侏儸紀的砂岩上，經千百年來風吹雨淋，損壞嚴重。室內造型屢經後世裝點。面目漸非。

　　公元一九二五年，棲霞寺住持若舜花了近兩年的時間，用水泥塗繕造像，致使石刻幾乎完全喪失原有的風采神韻。此後，迭經戰亂，石刻殘破不堪。

　　儘管目前準確判斷每一個石窟佛龕的開鑿年代仍相當困難，但多數造像的姿態、服飾仍可循舊跡，個別造像水泥剝落，石質部分衣紋猶清晰可辨，千佛崖石窟不失為現存最優美的南朝造像藝術品之一。

　　在南朝時期，由於眾多王公貴族紛紛來棲霞山開鑿佛龕，使得位於棲霞山的棲霞寺也得到了一定的發展，與此同時，南朝由於佛法興盛，帝王提倡佛教而造寺塔者頗多，棲霞寺也因此成為「南朝四百八十寺」中的著名寺廟。

【閱讀連結】

　　據說，在明萬曆年間，關西僧人三空見千佛崖的佛像剝落嚴重，便和寺僧明通籌劃修繕事宜。主要修繕者為石匠王壽。這次修繕歷時七年，現存的千佛崖所遺佛像較完好者，大多為明代之遺。

　　提起王壽，不得不提一下三聖殿東的盡頭處的「石工殿」，殿內刻有一右手舉錘、左手握鑿、背靠山崖、圓目而視的石匠。

民間傳說該石匠在限定時間內未能鑿成一千尊佛像，為了交差，他急中生智，一邊口吟「我佛保佑」，一邊往山崖一靠，至天明時竟立地成佛，正好湊足一千之數。

這個傳說其實是從明代祝世祿《重修棲霞寺記》中提到的王壽的故事蛻變而來。王壽是棲霞山一帶有名的石工，他不僅設計新的佛龕，還對齊梁以來古老的佛龕進行修補。後人為了紀念他，也給他鑿了石像，這便是千佛崖石工殿的來歷。

▌隋朝始建寺廟內舍利塔

大一統大，重視、尊重；一統，指天下諸侯皆統繫於周天子。後世因稱封建王朝統治全國為大一統。

中國古代經歷了南北朝兩百多年分裂之後，終於又走向統一。公元五百八十一年，北周靜帝禪讓帝位於楊堅，楊堅即隋文帝，建國隋朝，定都大興城，也就是現在的西安。

從此，隋朝便成為五胡亂華之後漢族在北方重新建立的大一統王朝。

■隋文帝楊堅（公元五百四十一年至六〇四年），隋朝開國皇帝。今陝西華陰人。漢太尉楊震十四世孫。在位期間成功統一百年嚴重分裂的國家，開創先進的選官制度，發展文化經濟。使得中國成為盛世之國。文帝在位期間疆域遼闊，人口達到七百餘萬戶，是人類歷史上農耕文明的巔峰時期。楊堅是西方人眼中最偉大的中國皇帝之一。被尊為「聖人可汗」。

　　公元六〇一年，隋文帝楊堅在六十歲生日時召集幾位高僧，興論弘揚佛法之道，最後頒布《立舍利詔》。將他得自沙門的佛舍利分送屬下八十三州，命各州分別建舍利塔保存。

　　傳說，隋文帝從小由一個名叫智仙的尼姑養大，智仙圓寂前，送給他數百顆佛舍利。楊堅深信自己能當上皇帝是靠佛的保佑，於是下令將舍利分授各州。他在《立舍利詔》中稱：

　　分道送舍利，先往蔣州棲霞寺，及三十州次五十三州等寺起塔。

■棲霞寺舍利塔

　　從這則詔書中可以看出，棲霞寺為當時全國立舍利塔之首，足見其聲望之大。

　　棲霞寺的舍利塔建在千佛崖前，據說它最初修建時為木製塔，因歲月剝蝕而毀。至南唐時，佛教又興，南唐傑出文化名人高越和林仁肇主持重修棲霞寺時興工重建，成為現存的仿木結構石塔。

　　這座塔體量雖不大，但做工十分精緻，由各種不同形狀的石灰岩與大理石相疊砌而成。其結構採取先製作所需石料配件，然後接榫安裝，精密穩固，雖歷經千年風雨兵燹而依然完好。

　　該塔現高十八點零四公尺，八面五級密檐式，最下是須彌座式台座，平面八角，每邊長五點四公尺，直徑十三公尺。台座中部砌塔，塔基仍為八角形須彌座，束腰部浮雕護法力士像，座頂施仰蓮兩層，以承塔身。

密檐式塔為中國佛塔主要類型之一，可以說是一種由樓閣式塔演變而來的新式佛塔，多是磚石結構。它是完全用磚依照木結構的形式在塔的外表做出每一層的出檐、梁、柱、牆體與門窗，在塔內也用磚造出可以登上的樓梯。

■舍利塔上佛像

塔基有上下兩層：第一層雕刻纏技蓮紋，第二層鑴刻飛鳳、蓮花等圖案。塔基之八面刻有海水紋，並雕有龍、鳳、鳥、獸、魚、蝦、蟹、鱉等圖案，或騰雲駕霧，或出沒山林，或沉浮波濤。形象姿態、十分逼真。

須彌座為仰蓮花座，上為束腰基壇，角柱上各雕金剛、力士、立龍、怪獸，以承塔身。

須彌座與塔身之間，雕以蓮花露盤三疊，花瓣上陰刻寶相花紋，體現出中國傳統圖案藝術特色。

舍利塔塔身第一級八面上，刻有釋迦牟尼「八相成道」圖，據說，這是南唐改制石塔時，在塔身上雕刻而成。

這「八相成道」圖：一為「下天」，指釋尊在經歷輪迴轉生「無量劫」以後，在兜率天乘白象降下人間；二為「入胎」，乘白象從摩耶夫人右肋入胎；三為「誕生」，於藍毗尼花園從摩耶夫人右肋出胎，九龍為之灑水沐浴，號

稱九龍吐香水；四為「出家」，悉達多王子遊四門，見到種種苦難，決定出家以追求最高真理，求得徹底的大悟，於是乘白馬逾城出走；五為「降魔」，悉達多在尼連禪河西岸的一株畢鉢羅樹即菩提樹下打坐，魔王率魔女、魔軍前來誘惑擾亂；六為「成道」，悉達多降魔得道，獲得成佛正果；七為「轉法輪」，佛成道後五十年間說法講經，普度眾生脫離苦海；八為「入滅」，釋迦牟尼八十歲時於拘尸那揭羅的兩株娑羅樹下大般涅槃。

摩耶夫人：佛陀釋迦牟尼的生母，音譯摩訶摩耶，意譯是大幻化、大術。印度教教義認為，當世界大難臨頭時，總有一位神祇要投胎來拯救世界。這裡的「摩耶」在梵語和巴利語中意為幻化，在佛經中又被尊稱為摩訶摩耶，意為偉大的摩耶。

舍利塔的這些雕刻用藝術手法，展現釋迦牟尼佛傳奇的一生。畫面生動，刻工精緻，具有很高的觀賞價值。這一層也最能體現舍利塔的宗教功能。

塔在印度最初用於埋葬人的屍骨，與佛教並無關係。屍骨，即舍利，但佛祖逝世後，佛教徒根據佛祖的譬喻，賦予塔特殊含義：埋葬佛骨，即佛舍利的塔成為佛的象徵，也成為佛門弟子頂禮膜拜的對象。

■歷經千年的舍利古塔

　　舍利塔的第二層八面也刻有佛教造像，內容有文殊、普賢騎象、四大天王和兩扇版門，門做緊閉狀，門上有鋪首及門釘，天王則披甲執兵，形象威嚴。

　　版門是古代建築的名稱，多指用於城門或宮殿、衙、署的大門，一般為兩扇。有棋盤版門和鏡面版門兩種。其中，棋盤版門先以邊梃上下抹頭組成邊框，框內置橫撐若干，後在框的一面釘板，四面平齊不起線腳。

　　鋪首是一種獸面紋樣，多為椒圖、饕餮、獅、虎、螭龍等兇猛獸類，鑲嵌在大門上作為門環的底座。供敲門之用，同時又有裝飾意義。

在古建築裡，門釘只在板門上使用。它有幾個作用，一個是裝飾，一個是代表等級，再一個起加固作用。

舍利塔第二層以上四層八面，每面都刻兩個圓拱形龕，均內雕一尊跏趺坐佛，共計六十四尊，雕刻精細，甚為生動，象徵千佛世界。

塔頂原為金屬剎，有鐵鏈引向脊端重獸背鐵環，後世改用數層石雕蓮花疊成的寶頂。寶塔圖像嚴謹自然，形象生動，雕刻十分精緻，構圖頗富有中國畫的風格，為中國五代時期佛教藝術的傑作，在中國古代建築史上佔有重要地位。

棲霞寺舍利塔歷經千年風雨，雖有部分石檐毀墜，仍巍然屹立，成為金陵佛氣極盛的見證。公元一九八八年，該塔被列為全國重點文物保護單位。

【閱讀連結】

關於舍利塔的建造年代有四種說法。

一說建於公元六○一年；二說原建是木塔、始於隋代、毀於唐武宗會昌年間，於公元八五一年重建為石塔；三說今之塔基址是隋文帝葬舍利處，至南唐時鑿造成石塔，並由徐鉉書額「妙因寺」；四說見《攝山志》記載：「南唐高越、林紅肇並為國主大臣，勛貴無二，尊禮三寶，飲隆佛法，隋文帝所造，舍利塔歲久剝蝕，二公同去興修，復加裝飾。」至於舍利塔究竟鑿造於哪一年代，還是個謎。

另據棲霞寺已故法師慧堅曾講：古代名塔下都有地宮，本寺舍利塔也不會例外，自建成千餘年來，雖歷經戰火和修繕，但塔基以下無一寸被人動過，那地宮裡除傳說埋有隋文帝從神尼手中得到的五彩舍利子，還有哪些稀世珍寶？始終是個謎。

▌乾隆帝五次入住寺內行宮

棲霞寺在唐朝時，迎來發展的黃金時代。之後，它與山東長清的靈岩寺、湖北荊州的玉泉寺、浙江天台的國清寺，並稱四大叢林。

後來，唐朝和宋朝皇帝又把棲霞寺的名稱改了幾次，直到明朝建立後，該寺院正式定名為棲霞寺。

■乾隆皇帝愛新覺羅·弘曆（公元一七一一年至一七九九年），清朝第六位皇帝，定都北京後第四位皇帝。二十五歲登基，在位六十年，退位後當了三年太上皇，實際掌握最高權力長達六十三年，是中國歷史上執政時間最長、年壽最高的皇帝。

公元一七五七年，棲霞寺迎來一位尊貴的客人，這位客人不是別人，正是當朝乾隆皇帝愛新覺羅·弘曆。

說起乾隆皇帝，他平生最愛做的事情當然就是微服出巡，這一年，是他的第二次南巡。

兩江總督：正式官銜為總督兩江等處地方提督。負責軍務、糧餉、操江、統轄南河事務，是清朝九位最高級的封疆大臣之一，總管江蘇、安徽和江西三省的軍民政務。由於清初江蘇和安徽兩省轄地同屬江南省，因此初時該總督管轄的是江南和江西的政務，因此稱兩江總督。

在乾隆帝這次南巡前，兩江總督尹繼善在前一年的九月向乾隆帝做出奏請：

棲霞勝景頗多，臣於原奏之外，續又搜得數處，已經酌量增修，其餘各項工程亦略有添改，現在逐一繪圖，容臣到京時恭呈御覽。

乾隆本來就是一個喜歡遊山玩水的皇帝，聽說棲霞山有這麼多好看的風景，自然同意總督的請求，立即定出計劃，要在第二年南巡的時候去棲霞山看看。

為了博得帝王一笑，總督大人覺得棲霞山的景色以山為主，水景太少，於是特地在棲霞山前開鑿一湖，修建一橋，以改善景觀。

■尹繼善雕塑

　　現存的棲霞山明鏡湖是進入棲霞山風景區後迎接遊客的第一道勝景，小湖，位於棲霞寺大門西面，虎山和龍山之間，面積約三千平方公尺。

　　明鏡湖的湖心建有名為彩虹亭的六角亭，俗稱湖心亭。有九曲石橋彎彎曲曲與岸邊相連，造型精巧，亦有《阿房宮賦》中所謂「長橋臥波，未雲何龍？復道行空，不霽何虹？」之境界。每至仲夏，湖中荷花盛開，湖水盈盈，漣漪乍起，波光浮動，山清水秀。

　　《阿房宮賦》：是唐代著名詩人杜牧創作的一篇散文，文中透過描寫阿房宮的興建及其毀滅，生動形象地總結秦朝統治者因為驕奢而亡國的歷史教訓。作者由此向唐朝統治者發出警告，表現出一個封建時代正直的文人憂國憂民、匡時濟世的情懷。

■明鏡湖旁的六角亭和觀音塑像

　　棲霞寺山門及兩側山巒、古楓、銀杏倒映水中，活靈活現，湖水清澈光彩照人，恍如明鏡。故乾隆皇帝賜橋名稱「彩虹」，湖名為「明鏡」，合起來稱景點為「彩虹明鏡」。

　　總督大人如此大興土木，耗費民脂民膏不知凡幾。對此清代文人袁枚作詩戲言：

尚書抱負何曾展？

展盡經綸在此山。

■棲霞彩虹明鏡

　　儘管文人雅士對總督人人的做法看不過去，但乾隆這次來到棲霞山時，卻非常高興。

　　此時，位於棲霞寺東北，龍山和棲霞山中峰之間的行宮已大體完備。

　　這一次，乾隆是從龍潭行宮來到棲霞山的。面對大好河山，乾隆感慨萬千，於是寫下第一首詩《遊棲霞山》。

　　在詩中，乾隆稱讚棲霞山為「第一金陵明秀山」，此後，棲霞山也因乾隆的這句讚語名氣更盛。

　　乾隆第一天駕臨會聚寺、棲霞寺拈香，當晚首次駐棲霞行宮。

第二天，乾隆赴萬松庵、般若台、德雲庵、幽居庵拈香，遊覽紫峰閣、萬松山房、王聖殿、千佛岩、品外泉、白鹿泉、三茅宮、幽居庵、太虛亭，再次住棲霞行宮，隨後去寶華山隆昌寺。

寶華山隆昌寺是中國佛門「律宗第一名山」，位於江蘇句容西北，距南京三十多公里，始建於公元五〇二年，原名千華寺、千華社，是近代最大的傳戒道場，盛名海內外。寶華山，因盛夏季節黃花滿山而得名，周圍三十六座山峰似三十六片蓮花瓣，隆昌寺如蓮房一般端坐其中，是一方非同尋常的佛教勝地。

南巡返程中乾隆又下榻棲霞行宮，觀賞玲峰池、石梁精舍、疊浪岩、德雲亭、九株松、玉冠峰等景觀，共留下詩詞二十五篇、匾聯十七處。

當時棲霞行宮已經建成殿堂館舍兩千餘間，包括春雨山房、太古堂、武夷一曲、精廬、請山亭、有凌雲意、白下卷阿、夕佳樓、石梁精舍、醉石等勝蹟。

自乾隆第二次南巡至第六次南巡前，棲霞行宮又經過四次擴建，前後共花了六年時間建成。

皇家園林直接為皇帝服務的風景園林。可在都城之內，也可在都城之外。皇家園林在古籍裡面稱之為「苑」、「囿」、「宮苑」、「園囿」、「御苑」，為中國園林的四種基本類型之一。園林作為皇家生活環境的一個重要組成部分，形成有別於其他園林類型的皇家園林。

行宮依山體第次而建，長大約三百公尺，寬約八十公尺，建築面積達兩萬多平方公尺，是乾隆南巡諸行宮中最大的一座。

其範圍東起小營盤，南至龍山地藏殿，西鄰桃花澗，北止天開岩一帶的御花園幽居庵叢林。增建的建築有萬松山房、春雨山房、話山亭、桃花扇亭等十餘處，宮牆內有禹王碑、天開岩、玲峰池、德雲庵、御花園、雲片、臥雲、受翠樓等著名景觀。

■棲霞山古千佛岩一角

從公元一七六二年至一七八四年，乾隆先後四次住在棲霞行宮，乾隆對棲霞行宮可謂情有獨鍾，自建成後，每次來南京都要住在這裡。

在此期間，乾隆共題詩一百一十九首，書寫聯、匾額五十餘副，御碑三通。

公元一九九九年，失蹤約兩百年的兩通乾隆御碑，在一個偶然機會下被世人發現。原來它們竟被砌築在中國佛學院棲霞山分院院內的牆體上。這兩通碑是乾隆皇帝第二次南巡臨棲霞山時留下的題詩，行書體。

■乾隆御碑

　　沈德潛（公元一六七三年至一七六九年），字確士，號歸愚，祖籍江蘇蘇州，清代詩人。乾隆元年薦舉博學鴻詞科，乾隆四年成進士，曾任內閣學士兼禮部侍郎。其詩多歌功頌德之作，少數篇章對民間疾苦有所反映。所著有《沈歸愚詩文全集》。

　　大的御碑上面有六首五言詩，落款為「乾隆首夏遊攝山棲霞寺用總督偕沈德潛倡和韻即書以賜之」。碑文計五十行，每行十二字，涉及棲霞山的白鹿泉、白乳泉、紫峰閣等諸多景點。小的御碑上題有《棲霞山》七律一首。

　　乾隆的棲霞行宮毀於太平天國戰火，現在我們已經無緣一睹其貌了。

但令人驚嘆的是，在現在占地面積達一千五百餘畝的皇家園林內，在多達兩千多間的樓堂館舍之下，埋藏總長達十多公里的地下通道。

■棲霞桃花扇

這些由石塊、磚塊混砌的地下通道用途很多，首先是用於洩洪，其次是用於汙水排放，危急時還可以用來避險逃生。令人惋惜的是，現在只能看到一些遺址。

現在，行宮遺址中仍有部分地下通道殘留，其斷壁殘垣錯落有致。同時，行宮遺址的牆體、橋梁、排水系統、建築走勢仍清晰可辨。

【閱讀連結】

據說，曾經有許多人認為乾隆當年稱讚棲霞山是「金陵第一明秀山」，但根據這通御碑的內容，乾隆的原句應是「第一金陵明秀山」。

據說這通御碑原鑲嵌在棲霞山紗帽峰佛窟，後來窟中的御碑莫名失蹤，傳聞被竊，但流落於何方始終是一個不解之謎。

宗仰法師親自主持復建

　　宗仰法師（公元一八六五年至一九二一年），祖籍常熟，俗性黃，原名浩舜，法名用仁，宗仰是法號，又號烏目山僧。中年，別號楞枷小隱，晚號印楞禪師。是中國近代史上托跡空門的愛國志士，也是一位頗具影響的詩人、教育家，他忽僧忽俗，儒釋同致，被人們譽為天下奇僧，是佛教界的一流人物。

　　由於棲霞寺所在的棲霞山臨江屏立，地勢奇險，蔚成金陵防衛要沖，歷來為兵家必爭之地，自建寺以來，經歷大戰數見不鮮，故棲霞寺屢毀於戰火，以致屢毀屢建。

■寺內現存古建

■金山寺在江蘇省鎮江市西北長江南岸的金山上，始建於東晉明帝時。金山寺布局依山就勢，使山與寺融為一體。眾多的歷史故事便發生於此，如《白蛇傳》水漫金山；梁紅玉擂鼓戰金山；蘇東坡妙高台賞月起舞等，更使金山成為江南名山。

　　公元一九一九年，在鎮江金山寺出家為僧的宗仰法師應棲霞寺寺僧之請住持棲霞，並對棲霞寺進行一次大修。現在的棲霞寺，便是在這次大修的基礎上修復的。

　　這一年，宗仰法師偕同金山寺的青權法師和揚州的寂山、雨山法師去南京棲霞朝山。當時的棲霞寺毀於清咸豐年間的兵火，尚未修復，古道場的山茅中僅剩幾間破屋，是僧人法意老和尚的棲身之地。

　　法意老和尚見宗仰等法師朝山，意識到善緣已至，口中連稱「善哉！善哉！」隨即跪在宗仰面前，懇切地說：「恢復棲霞古寺，唯你可為，你若不應，老僧寧願跪死不起。」

　　宗仰急忙將他扶起，邊說：「有話好商量。」同行的幾位法師都認為只有宗仰才能擔此重任，並表示全力支持。宗仰回到金山寺不久，法意和尚又備禮品，親赴金山，稱宗仰為中興棲霞寺的祖師。

　　朝山是佛教徒至名山大寺進香，以懺除業障或還願的朝禮行為。也作修行者為了表示求道的虔誠，常以三步一跪拜的方式朝禮古聖人的遺蹟。朝山拜佛的意義在於：從山下拜到山上，越拜越高，如同步步高陞。從山外拜到殿內，表示平時除注重心外，也注重到心內。從一人拜到萬人，表示愈眾愈多，越多越有。從貢高拜到恭敬，越恭敬越有佛法，越有佛法，越有快樂。

　　宗仰遂來到棲霞寺，親自主持寺廟的復建工程。棲霞寺年久失修，且原有的山地寺產，也成為江寧縣資產。多虧各方人士相助，宗仰起而力爭。孫中山率先捐了一萬銀元。

　　宗仰開座的那一天，四眾雲集，荒郊山野中搭起二十餘座蘆棚。棲霞寺因宗仰的到來而日趨繁榮。寺廟的修建工程進展很快，毗盧寶殿平地而起。

　　由於孫中山的支持，各方恭賀贊助的人很多，這對棲霞寺的重建起了很重要的作用。

　　這個時候，整個寺廟的規模略定。而宗仰竟積勞成疾，於公元一九二一年七月圓寂，年僅五七歲。

　　宗仰法師圓寂後，若舜法師住持棲霞寺，並多方募費，進一步修繕廟宇，重塑佛身，使千年古剎重獲生機。

　　重修的棲霞寺共有彌勒殿、毗盧殿、藏經樓三進院，依山勢層層上升，格局嚴整美觀。

　　棲霞寺的前面是一片開闊的綠色草坪，有波平如鏡的明鏡湖和形如彎月的白蓮池，四周是蔥鬱的樹木花草，遠處是蜿蜒起伏的山峰，空氣清新，景色幽靜秀麗。

　　寺內主要建築有山門、彌勒佛殿、大雄寶殿、毗盧寶殿、法堂、唸佛堂、藏經樓、舍利石塔。寺前有明徵君碑，寺後有千佛岩等眾多名勝。

　　現存的棲霞寺山門三門並立，中間是一大門，兩旁各一小門，象徵「三解脫門」。

三解脫門：略稱三脫門或三門。謂通往解脫之道的三種法門，即空門、無相門、無願門，此三者又稱為三三昧。空門，即我所見，我見皆空，一切諸行不真實、不常、恆空。無相門，又作無想。謂觀因空故，不著於相。無願門，又作無作或無慾。謂觀無相故，於未來死生相續，無所愛染願求。

中間大門額上書寫著「棲霞古寺」四個鎏金大字，兩側門額上分別書寫「六朝勝蹟」、「千佛名藍」八個鎏金大字。

步入山門，是彌勒殿。迎面坐著一尊袒胸露腹、開懷暢笑的大彌勒佛。

彌勒佛的背後，是一尊韋馱尊者雕像，專司降魔護法之職。他是南方增長天王手下的八員大將之一，以疾走如飛著稱，專門負責佛寺衛戍工作。

韋馱巍然挺立，雙手合十，身著古將軍服，降魔杵橫於腕上，根據其造型姿勢，可以知道棲霞寺是廣結佛緣的十方叢林，對來客表示歡迎。

降魔杵即金剛降魔杵，又名羯摩杵，是藏傳佛教中的一種法器，原也屬於古印度兵器的一種，現在被佛教引用為法器之一。其一端為金剛杵的樣子，另一端為三棱帶尖之狀，中段有三個佛像頭為柄，一作笑狀、一作怒狀、一作罵狀。

在彌勒殿的兩側，侍立佛國名聲顯赫的護法神將四大天王。

其中，南方增長天王，名叫毗琉璃，身青色，穿甲冑，手握寶劍；東方持國天王，名叫多羅吒，身白色，穿甲冑，手持琵琶。北方多聞天王，名叫毗沙門，身綠色，穿甲冑，右手持寶傘；西方廣目天王，名叫毗留博叉，身白色，穿甲冑，手上纏繞一龍。

甲冑：古代將士的防護服，在冷兵器時代充當極其重要的角色。可以使古代將士增強「防守反擊」的戰鬥效能。甲冑的出現是和原始社會末期私有制出現、戰爭日益頻繁、進攻性武器逐漸銳利等因素緊密相關的。由此甲冑一直沿用數千年，其間甲冑的形制不斷得到改進，製作甲冑的材料亦多種多樣，其防護功能逐步完善。

■棲霞寺三解脱門

出彌勒殿拾級而上，是寺內的主要殿堂大雄寶殿，殿內供奉高達十公尺的釋迦牟尼佛。

這四大天王全是中國式的武將打扮，看上去威風凜凜，飽含煞氣。他們分別司風、司調、司雨、司順，合起來就是主管「風調雨順」，寓示五穀豐登、天下太平。

大雄寶殿之後是毗盧殿，為棲霞寺內最大的殿堂。大殿前側左右各有大鐘一座、法鼓一面，鳴大鐘是號令僧眾集合，擊法鼓表示說法，為了勸戒僧眾漸趨於善。

毗盧殿正中供奉高約五公尺的金身毗盧遮那佛，弟子梵王和帝釋侍立左右，二十諸天分列大殿兩側。佛後是海島觀音塑像，觀世音佇立鰲頭，善財、龍女、侍女三旁，觀音三十二應化身遍布全島。堂內塑像，工藝精湛，入化傳神，令人讚嘆。

二十諸天是一個佛教用語。具體是：一大梵天、二帝釋天、三多聞天王、四持國天王、五增長天王、六廣目天王、七金剛密跡、八大自在天或摩醯首羅、九散脂大將、十大辯才天、十一大功德天、十二韋馱天神、十三堅牢地神、十四菩提樹神、十五鬼子母、十六摩利支天、十七日宮天子、十八月宮天子、十九娑竭龍王、二十閻摩羅王。

■棲霞寺毘盧寶殿

過了毘盧寶殿，依山而建的是法堂、唸佛堂和藏經樓。

■毘盧寶殿的毘盧遮那佛

藏經樓為全寺最高處，樓下為住持起居辦事的法堂，也是宣講佛法皈戒集會的場所。

法堂中設有法座，也稱獅子座，是寺院傳教聚會弟子們的座位。

法座前面設有講台，台下設香案，兩側置聽法席。樓上為藏經之處。樓上室內正中佛龕內供奉一尊釋迦玉佛，是用整塊白玉精雕細琢而成，形象頗異，為緬甸僧人贈送的物品。

室內兩側放置著整齊的經櫃，按《千字文》字序，存放經、律、論三大類佛教經典著作，多達八千餘冊。其中最名貴的為《貝葉經》，是在多羅樹葉上烙印梵文。

相傳是唐僧西天取經帶回，因其時代久遠，彌足珍貴。此外還有一本「血書」，是清末一位女信徒滴血抄寫而成。

■《貝葉經》是寫在貝樹葉子上的經文，源於古印度。在造紙技術還沒有傳到印度之前，印度人就用貝樹葉子書寫東西，佛教徒們也用貝葉書寫佛教經典和畫佛像，貝葉經的名字由此而來。

梵文不僅是印度的古典語言，也是佛教的經典語言。梵文佛典起初是書寫於貝多羅樹葉上，故又稱「貝葉經」。

宗仰法師圓寂後，公元一九三六年，為宗仰法師而修建的宗仰骨塔修建完成。此塔位於棲霞寺後中峰中脊右側，也稱烏目山僧宗仰塔，塔上的銘文由民國學者章太炎親自撰寫。

【閱讀連結】

宗仰是中國代近史上一位傑出高僧，他積極從事革命活動，與孫中山先生有過密切的交往。

早年宗仰法師在流亡日本時，結識當時還是學生的孫中山，並傾囊資助孫中山進行革命。為此，當宗仰法師要重修棲霞寺這座千年古剎時，已經成為民國總統的孫中山得知後立即捐萬銀，作為歸還宗仰義助革命之款。

宗仰還校閱和出版中國第一部鉛字排印的大藏經——《頻伽藏》，並創辦華嚴大學，對佛教有重大貢獻和影響。

▌經過重建後寺院再現輝煌

棲霞寺歷經千年風雨滄桑，公元一九二七年八月，又遭兵火損壞。自公元一九八〇年起，中國政府對這一千年古剎進行大規模修繕，使棲霞寺成為南京現存最大的一座寺廟。

經過重修後的棲霞寺占地面積四十多畝，主要建築有仿古牌坊、山門、天王殿、毗盧殿、藏經樓、玉佛樓、過海大師堂、宗仰上人紀念堂、多寶閣等。

走近棲霞寺，首先映入眼簾的是一座巨大的三開間仿古牌坊，額書「棲霞禪寺」四字，是由中國佛教協會原主席趙樸初親筆題寫。

這座牌坊正面置有兩只石獅，背面襯有一對昆石。過了牌坊，繁蔭覆路，翠秀青青，不遠便是棲霞勝景「彩虹明鏡」。

明鏡湖中新建的石雕觀音潔白慈祥，對往來眾生露出微笑。乾隆年間建的九曲石橋與彩虹亭在清末被太平軍破壞，景點也破敗不堪。公元一九二一

年，棲霞寺住持若舜重建彩虹明鏡景點。公元一九六四年改建九曲橋，公元一九七九年改建彩虹亭。

■棲霞寺仿古牌坊

在明鏡湖旁，有一小池，即白蓮池，因形似月牙，又名月牙池，又因專供善男信女放生之用，所以又名放生池。沿池的漢白玉欄杆上，雕刻著水禽花卉，栩栩如生。原池已毀，現池是公元一九八〇年修復的。

再往前行，有兩座小亭，北面的俗稱御碑亭，亭內矗立著一通著名的唐碑「明徵君碑」。南面的碑亭是趙樸初去世後，棲霞寺新建的碑亭，用於陳列趙樸初為棲霞寺重修時題寫的重修攝山棲霞寺記碑，該碑敘述了自棲霞寺創建至中華人民共和國成立前的滄桑史。

從御碑亭往右前方走，登上石級，便來到棲霞山門前。步入山門，是彌勒殿。出彌勒殿，是一新修的方形天井，天井的兩廂有客堂、祖堂、齋堂即千佛齋素菜館及補助堂。在補助堂的樓上，依次為復建建築「玉佛樓」、「過海大師堂」、「宗仰上人紀念堂」、「多寶閣」等。

其中，玉佛樓於公元一九八七年復建。樓內正中為結跏趺坐的玉佛，高兩公尺，供奉在玻璃框中。由佛光山星雲大師敬獻。

結跏趺坐是佛陀修行成道的坐法之一。即互交二足,將右腳盤放於左腿上,左腳盤放於右腿上的坐姿。在諸坐法之中,以此坐法為最安穩而不易疲倦。

玉佛左右分別為藥師如來佛和阿彌陀佛。進門的左側牆壁上懸掛《佛成道在鹿野苑說法度生圖》等共計一九幅圖。另有一幅《四處紀念之地圖》,四地即佛祖誕生之地、領悟四聖諦之地、初次布道之地、涅槃之地圖;進門右側牆壁上懸掛《釋迦牟尼佛八相成道圖》。這些彩圖均鑲嵌在鏡框中,是美國洛杉磯西來寺捐贈的。

過海大師堂是為紀念唐代鑒真和尚而於公元一九六三年建立的。據史料記載,唐代高僧鑒真於公元七四八年第五次東渡日本時,由於迷失航向,漂流到海南島。

■明鏡湖中的觀音像

他在登陸北返途中，於公元七五一年途經江寧，即現在的南京，由其弟子靈佑迎全棲霞寺，停留三日後，返回揚州大明寺。

現在紀念堂正中佛龕內供奉一尊鑒真和尚脫紗塑像，是日本奈良招提寺第八十一代傳人森木孝順親自塑造。於公元一九六三年鑒真和尚圓寂一千兩百週年之際，由日本文化界、佛教界聯合署名贈送給棲霞寺。鑒真和尚端坐的佛龕，在設計上別具一格，以揚州大明寺為模型，背景是驚濤駭浪。表現鑒真和尚為弘揚佛法，促進中日文化交流，而捨生忘死的大無畏氣概。在紀念堂內，還陳列有鑒真和尚生平事跡資料。

宗仰上人紀念堂緊鄰過海大師堂，堂內正中為宗仰畫像。在堂內左右兩壁懸掛有若舜、寂然、方廉、青權四位棲霞寺高僧的畫像。堂內還陳列有翁同龢、章太炎等給宗仰的題字以及其他有關史料。

多寶閣匾額為趙樸初題寫，閣內陳列有棲霞寺歷代收藏的文物、字畫、工藝美術品、書籍等。

■寺內建築

由天井正中拾級而上，依次是宏偉的大雄寶殿、毗盧寶殿和藏經樓。

天井：四面有房屋，三面有房屋另一面有圍牆，或兩面有房屋另兩面有圍牆時，中間的空地。南方房屋結構中的組成部分。一般為房屋中前後正間中，兩邊為廂房包圍，寬與正間同，進深與廂房等長，地面用青磚嵌鋪的空地。因面積較小，光線為高屋圍堵顯得較暗，狀如深井，故名。

其中，毗盧寶殿的大殿後側有兩座雕刻精細、妝金塗彩的大型的，豪華的佛龕，原是北京紫禁城的清朝遺物，公元一九七九年運至棲霞寺。

佛龕內分別安放著石刻觀音像和阿彌陀佛像。

無量壽佛俗名周寶，法名全真，號宗慧，生於郴州程水，今屬湖南資興市周源山。因其為歷史記載的最長壽者，因此人們尊稱「壽佛」。又因無量壽佛是梵文阿彌多庚斯的意譯，即阿彌陀佛，所以人們也稱其為「無量壽佛」。

石刻阿彌陀佛像頭部為寺內收藏的舊物，是梁朝臨川靖惠王蕭宏所造的無量壽佛石像遺物；石刻觀音像頭部較小。毗盧寶殿後面為方丈室，方丈門額為當代著名書法家蕭嫻題寫。大門兩側有一副篆書對聯：

獅子窟中無異獸

象王行處絕狐蹤

■鑒真大師雕塑

　　對聯所指是文殊、普賢兩菩薩普度眾生的大功德。入門後，東側為唸佛堂、貴賓接待室，西側為僧人宿舍，再上台階，便是中國著名的藏經樓。

　　經過復修後，藏經樓的法座後掛有象徵釋迦牟尼說法傳道的畫像，畫像兩旁懸掛著這次重修時趙樸初題寫的對聯一副：

　　創業溯南朝，想當年花雨六朝，朗公講席弘三論；

　　分身還故國，喜此日海天一色，鑒師行蹤重千秋。

　　蕭宏（公元四七三年至五二六年），中國南朝梁皇族。字宣達。南蘭陵人。梁武帝六弟，官至侍中、太尉。梁武帝攻占南京，以之為中護軍，衛戌京師。天監元年封為臨川王，遷揚州刺史。臨死前，梁武帝先後七次看望，可見恩寵非同一般。

　　此外，棲霞寺附近還有舍利塔、紗帽峰、千佛崖、棲霞行宮、天開岩和千禧鐘樓等知名景點。

■棲霞寺閣樓

　　如今的棲霞寺梵音不絕，香煙繚繞，遊人如織。設於棲霞寺內的中國佛學院棲霞山分院培養了一批又一批的學問僧奔赴四方，弘揚佛法。

【閱讀連結】

　　棲霞寺是江蘇省佛教協會所在地。公元一九八二年十一月，中國佛教協會在這裡舉辦了僧伽培訓班。是中華人民共和國成立以來，中國佛教界第一次舉辦那麼大規模的培訓班，培訓班僧人年齡在十八歲至四十歲之間，都具有中學文化程度。

　　他們來自廣東、江蘇、上海、福建等十七個省市自治區。培訓班學制一年，主要課程有佛教常識、佛教簡史、戒律、叢林規制、功課唱念和文化課等。

　　目前，棲霞山佛學院已開辦了多期，畢業學僧遍布全國各地。他們中的多數人已成為佛教事業的骨幹，為弘揚佛法發揮著重要的作用。

四大名剎之首　靈岩寺

坐落於泰山西北麓，位於濟南長清區萬德鎮境內的靈岩寺，始建於東晉，距今一千六百多年。靈岩寺於北魏孝明帝正興元年開始重建，至唐代達到鼎盛，闢有支塔、千佛殿等景觀。

靈岩寺現為全國重點文物保護單位。其佛教底蘊豐厚，自唐代起就與浙江天台國清寺，湖北江陵玉泉寺，南京棲霞寺並稱天下「四大名剎」，並位居首位。

高僧朗公開山創建寺廟

在濟南市長清區萬德鎮境內，距 104 國道八公里，距濟南約四十公里，距泰山主峰約十公里處，有一座奇怪的山。這座山與其他山有一個最大的區別，那就是，它的山頂既不是圓的，也不是尖的，而是方的，這座山的名字叫做靈岩山。

■玉璽指皇帝的玉印。「玉璽」一詞，最早由秦始皇提出，他規定只有皇帝使用的大印才能稱為玉璽。中國人用印來表示信用，始於周朝。到了秦朝，才有璽和印之分，皇帝用的印叫璽，臣民所用只能稱為印。

　　據說，這靈岩山本來叫做方山，因為它的山頂很平坦，山的四周又像是被削過一樣。又因為這座山看起來很像皇帝用的玉璽，於是也有人稱它為玉符山。它是泰山的十二支脈之一，海拔六百八十三點七公尺，這裡要講的靈岩寺便坐落在這座山的山腳下。

　　說起靈岩寺的創建歷史，就不得不先來瞭解一下山東的佛教歷史。佛教自東漢傳入中國，建立了最早的寺院洛陽白馬寺、五台山顯通寺。到了東晉時期，高僧朗公僧朗，來到山東傳播佛教，成為山東地區的佛教領袖。《高僧傳》這樣寫道：

■方山下的靈岩寺

　　竺僧朗，京兆人，符秦皇始元年移卜泰山中。

　　這位朗公，是京兆人，京兆指的就是現在的西安。他少年時就開始周遊訪問求學，後來到了長安，與東晉傑出的佛教學者道安和法和等人關係密切。開始，朗公在關中講說佛經，後來道安北去河北弘法，朗公便東來泰山弘法。

　　佛教學者道安（公元三一二年至三八五年），出生於常山扶柳縣，即今河北省冀州境的一個讀書人家裡。由於亂世，他從十八歲開始便出家。道安綜合整理了前代般若、禪法、戒律等系佛學，使原本零散的佛學思想，得以

較完整的面目呈現於世。因此，他被視為漢晉間佛教思想的集大成者。又因道安大師出生時手臂多長一塊皮肉，時人即稱之為「印手菩薩」。

公元三五一年，朗公在泰山北部地區的昆崳山谷，建立山東第一座寺院朗公寺。

■寺內廟宇上瓦當

朗公以這裡為基地傳經布道，很快就發展成為寺院十餘處，房間近千間的大寺。朗公名聲大振，甚至南燕帝慕容德都要拜朗公為師，賜當時泰安和長清的所有賦稅給寺院作為布施。

昆崳山是聞名全國的一座道教名山。歷來有「仙山之祖」美譽，相傳仙女麻姑在此修煉，道成飛昇。這裡還是全真教的發祥地，王重陽與其弟子北七真在此創教布道。

公元三五七年至三五八年，朗公朋友張忠為避「永嘉之亂」隱居泰山西北的玉符山。朗公經常來看望張忠，並在此講授《放光般若經》。

史書《神僧傳》中記載：

永嘉之亂是發生在中國西晉時的一個內亂事件，由居於中原的外族人發動。公元三一一年，匈奴攻陷洛陽、擄走懷帝。

朗公和尚說法泰山北岩下，聽者千人，石為之點頭，眾以告，公曰：此山靈也。

記載中說，朗公講法，每次聽者有千餘人。一次，當朗公講到精彩之處，山石為動，不住點頭，眾弟子告訴朗公，朗公說：「此山靈也，為我解化，他時涅槃，當埋於此。」為此，人們又把此山稱為靈岩山。

後來，朗公在靈岩山腳下修建靈岩寺。

據《靈岩志》中記載：

前秦苻堅永興中有竺僧朗卜居於此。他率眾開山，別立精舍數十餘區，聞風而造者百有餘人。

從記載中可以看出，靈岩寺因山而得名。同時，朗公在開創靈岩寺時，受到各個方面的大力幫助和捐助，為此，朗公法師是靈岩寺的奠基人。

不過，遺憾是的，朗公創建的寺院，興盛不到百年。於北魏太武帝太平真君七年，即公元四四六年時，遭到滅法之劫，靈岩寺全部被毀。

太武帝拓跋燾（公元四〇八年至四五二年），字佛貍，鮮卑族。北魏第三任皇帝。公元四二二年，被立為太子，公元四二三年登基。拓跋燾在位期間，於公元四四六年下詔滅佛。宣布佛教為邪教，在各地焚毀所有的佛像和佛經，沙門無少長悉坑之，禁止佛教的傳播。

■靈岩寺山門

　　袈裟：指纏縛於僧眾身上之法衣，此乃聖賢的標誌，自古為佛教教團所尊重。穿著袈裟的情況有十種：一者，菩提上首；二者，處眾人天；三者，父母返拜；四者，龍子捨身；五者，龍披免難；六者，國王敬信；七者，眾生禮拜；八者，羅剎恭敬；九者，天龍護佑；十者，得成佛道。

　　禪杖：佛門中的禪杖是在坐禪時用以警睡之具。《釋氏要覽》中說：「禪杖竹葦為之，用物包一頭。令下座墊行；坐禪昏睡，以軟頭點之」。用這種「禪杖」觸擊禪者，不會感受痛楚，但能甦醒精神，防止座中入睡。

　　但儘管如此，我們還是能從現代的靈岩寺周圍找到這位古人的身影。

　　當我們進入靈岩景區，向東遙望，便會隱約發現山巔上岩石突兀，形似一老僧，身披袈裟，手拄禪杖，在山路上行走，後面跟著一群信徒，這就是朗公石，是靈岩寺的奇景之一。其實，仔細觀看不難看出，老僧是一岩石，禪杖及身後信徒則是一些形態皆似的柏樹。

因為郎公是靈岩寺開山祖師，郎公當年造訪隱士張忠時常常在此山路上往返，為了紀念郎公，人們就將這一自然現象附會為郎公爬山。此景在宋代開始便有記載，歷經八百多年而保持原狀，可為一大奇觀。

顧名思義，朗公石背後的山即是郎公山。

朗公山周圍的陡崖危如斧劈，地形險峻，人稱「插天崛起一危峰」。如果站在朗公石畔仰望朗公山，猶如小彌陀參拜萬丈佛，特別莊嚴巍峨，雄奇壯觀。在那裡，不但西可俯瞰靈岩寺的全景全貌，而且東可望雄偉壯麗的泰山，巍巍峨峨、高聳入雲。

【閱讀連結】

據說，在朗公之前，西晉末年，後趙高僧佛圖澄曾到此，但未久留。後來，東晉時代的高僧朗公來到這裡，成為山東地區的佛教領袖。傳說，當時朗公所在的郎公山山谷多虎災，平日裡人們常常手拿棍棒結夥才敢穿行。等到朗公在郎公山居住以後，猛獸要麼逃走，要麼潛藏。人們無論白天行走，還是夜間居住都沒有什麼危險。

▊北魏法定禪師引泉重建寺廟

公元五二〇年，正是北魏正光年間，河北景縣人法定禪師來到靈岩山的腳下，為靈岩寺帶來新的希望。

自從靈岩寺在太武帝滅佛事件中損失慘重後，到了文成帝即位，佛教又重新興起。

這時，法定禪師來到此地，重新修建寺院。

關於法定開山闢地，引泉建寺的故事很多，其中之一，是說他來靈岩建寺時，前有青蛇引路，上有仙鶴飛鳴，左右還有兩隻老虎為之馱經。因此，當他修建好靈岩寺不久，很多人慕名找他學法，靈岩寺的規模也越建越大，法定也被譽為靈岩開山第一祖。

仙鶴畫像

鶴：寓意延年益壽。在古代是一鳥之下，萬鳥之上，僅次於鳳凰，明清一品官吏的官服編織的圖案就是「仙鶴」。同時鶴因為仙風道骨，為羽族之長，自古就被稱為是「一品鳥」，寓意第一。鶴代表長壽、富貴，據傳說它享有幾千年的壽命。鶴獨立，翹首遠望，姿態優美，色彩不豔不嬌，高雅大方。

據說，法定在靈岩寺先建的一個禪寺是在方山的背面，叫神寶寺，它的遺址在今靈岩寺西北二點五公里處的小寺村南。後又建寺於方山的南面，即稱靈岩寺，它的舊址在今寺址東北甘露泉旁。在現存的靈岩寺周圍，還有不少和法定有關的紀念景點。

進入靈岩寺大門，在寺內東側，有一座明孔山。山上石牙參錯，山勢如樓似閣，峭壁上有一圓孔，大如車輪，南北相通，似明鏡高懸，皓月當空，這就是頗具神話情趣的透明山，或稱明孔洞。

相傳法定高僧從西方來，進入靈岩山谷，在崎嶇荊棘的山路上行走，走著走著，只見陡壁四起，蒼岩如堵，無路可行。

　　法定就面壁而坐，瞑目誦經，坐到第四十九天時，突然雷聲轟響，山石迸裂，只見頭頂一束強光向下射來。原來法定面壁打坐感動太陽神，陽光把山崖射穿，透過洞穴形成光束，為法定指路。這個洞穴就是現在的明孔洞。

■靈岩寺廣場

　　後來，經過考古專家研究，這個洞其實是寒武紀的張夏石灰岩，在地下水的長期作用下形成的一個近南北向延伸的水平溶洞。後來地殼上升，溶洞也被抬高，出露在現今的山頂。山頂石灰岩長期風化剝蝕，形成現在的透明洞。但冬天下雪以後，在雪景中的明孔洞顯得尤其漂亮，被人稱為「明孔晴雪」，為靈岩寺的奇觀之一，有詩贊曰：

■寺內大殿一角

梵僧昔日憩岩間，

靈跡千年尚可攀。

雪霽扶節閒眺望，

煙火咫尺見他山。

法定禪師不僅為靈岩山帶來「明孔晴雪」，還為靈岩寺帶來「五步三泉」。

這「五步三泉」指的是白鶴泉、雙鶴泉和卓錫泉。因三泉相隔甚近，故有「五步三泉」之稱。其中，卓錫泉又名錫杖泉。

張夏石灰岩：時代屬中寒武紀晚期。分布於華北及東北南部。命名地在山東濟南市長清區張夏鎮。為淺海碳酸鹽沉積，以灰色厚層鮞狀灰岩為主。

■靈岩寺內的「鏡池春曉」

關於五步三泉的由來，也有一個非常美麗、神奇的傳說：

相傳，太陽神射穿明孔洞之後，法定就踏著祥光走下山來。他正嗟嘆此處景美境幽，卻無水可供飲用時，一位樵夫突然出現在法定大師面前說：「大師是不是擔心在這裡建道場沒有水呀？前面雙鶴鳴叫處可得清泉！」

法定禪師就向東南而進。見樹間有黃猿徐行，草尖有白兔跳躍；前面青蛇不驚，身邊白虎安靜，卻驚動兩只白鶴振翅而起。走進一看，果然有兩股泉水汩汩而出，涓涓而流。

法定大師喜不自禁，感慨之餘，舉手中錫杖濺擊流泉，誰知一股泉水又隨錫杖飛湧而出。於是，便形成現在的雙鶴泉、白鶴泉和卓錫泉。

這雙鶴泉、白鶴泉和卓錫泉水淙淙流出後齊齊注入鏡池，又形成一個新的景觀：鏡池春曉。

經過法定禪師重建的靈岩寺，因為有這些開山引泉的傳說，名氣也就越來越大。為此，當法定禪師圓寂後，人們便將他的舍利埋在靈岩寺內墓塔中。

法定禪師的靈塔又名祖師塔，位於靈岩寺塔林中央甬道的北端。此塔為青磚壘砌，有高大方形石質基座，單層重檐，兩檐均為方形，一檐出挑疊澀十五層，內收九層，二檐八層。上置塔剎，塔剎有六棱底座。南闢拱式門，內原置三佛像。塔的結構、出挑檐輪廓，與全國最早佛塔嵩岳寺塔相類同。

塔剎是指佛塔頂部的裝飾，塔剎位於塔的最高處，是「觀表全塔」和塔上最為顯著的標記。從結構上說，塔剎本身就是一座完整的古塔。它由剎座、剎身、剎頂和剎桿組成。這種塔上塔的造型，使塔顯得更加高插雲天，雄偉挺拔。

塔林的明德大師貞公塔銘碑文載：

塑觀音兩堂，以嚴千佛、般舟二殿，次改祖塋，更石像而改塑法定大祖師一龕及侍者二。

而今，塔龕中置三像者唯有祖師塔，所以塔銘中指的是這座塔，這也為祖師塔世傳為法定大師的墓塔找到依據。根據塔的結構及法定生存的年代，此塔應為北魏晚期所建。

【閱讀連結】

關於明孔山和明孔洞的來歷，還有另外一則傳說：

據說，在秦始皇修萬里長城的時候，天上有十二顆太陽，直晒得江河乾涸植物枯萎，人和動物都嗓子冒煙。光熱還不說，再加上中原地區山多地少不利耕種，累死晒死許多工人。

玉皇大帝為了拯救人間萬物，造福利民，派楊二郎擔山趕太陽。楊二郎便來此擔山，而明孔洞則是楊二郎的扁擔所穿透的。楊二郎長途跋涉，來到靈岩山旁歇腳，放下兩座山，其中一座就是明孔山。

▎唐代高僧慧崇竭力擴建

靈岩寺經過法定大師的重建後，名氣一天比一天大，到了唐代，靈岩寺迎來發展中的全盛時期。據寺內現存的田園記碑記載，當時，靈岩寺西起雞鳴山，東至棋子嶺，南起明孔山，北至神寶寺。南北五公里，東西十公里。在香火旺盛之時，僧侶多達五百多人。

武德年間，慧崇高僧來到靈岩寺，對寺院進行擴建。

▎位於塔林甬道中央的祖師塔

這一期間，靈岩寺在慧崇的帶領下，修建了「阿閣」，也就是後來的證明功德佛龕。從現存證明功德佛龕中的造像可看出，功德佛龕中造像大多是當時修建的。

唐高宗時期，高宗皇帝和皇后武則天到泰山巡視，經過靈岩寺時，發現這裡的景色獨特，便停留休息。巡視完靈岩寺以後，唐高宗便下令大建靈岩寺。

■寺內的舍利之塔

　　慧崇禪師領旨後，帶領眾僧修造大悲觀音閣，舍利之塔、報身佛盧舍那等大殿，以及六祖禪堂、護法金剛等造像。現存於靈岩寺內，由唐代大書法家李邕撰寫的靈岩寺碑頌並序殘碑中，記錄有高宗皇帝敕令大修靈岩寺的經過。

　　李邕（公元六七八年至七四七年），字泰和，廣陵江都，也就是今天的江蘇省揚州市人。李邕少年成名，後召為左拾遺，曾任戶部員外郎、括州刺史、北海太守等職，人稱「李北海」。

　　經過擴建後的靈岩寺，規模宏偉，各地的高僧名師紛紛慕名而來，靈岩寺的名聲更大了。不久，靈岩寺便躋身於全國「四大名剎」之列，與浙江天台國清寺、湖北江陵玉泉寺、江蘇南京棲霞寺齊名，被譽為天下寺院四絕。

　　當然，不得不說，靈岩寺能夠獲得這一榮譽，與其直接參與組織修建的慧崇禪師是分不開的。據說，這位慧崇禪師主持靈岩寺共五十餘年，可算是參與唐高宗時代靈岩寺大建設的一位高僧。並且，現存的靈岩寺格局也是那次擴建後留下的。

■寺內現存千佛殿

　　現存於靈岩寺內的唐代文物最多，有千佛殿、御書閣、般舟殿遺址、功德頂證明殿石窟造像、魯班洞、辟支塔、慧崇塔、李邕撰書的靈岩寺頌碑等。其中，千佛殿是靈岩寺的主體建築，也是寺內保存最完好規模較大的一座古建築，因殿內供養千佛而得名。此殿始建於唐貞觀年間，後多次重修，現存為明代時的木結構建築。

　　廡殿頂：即廡殿式屋頂，由於屋頂有四面斜坡，又略微向內凹陷而形成弧度，故又常稱為「四阿頂」，宋朝稱其為「廡殿」，清朝稱其為「廡殿」或「五脊殿」。在中國是各屋頂樣式中等級最高的，高於歇山式。

千佛殿建於寺內高大的台基之上，面闊七間，進深四間，單檐廡殿頂，舉折平緩，出檐深遠。檐下置疏朗宏大的斗拱，錯落美觀，木棱彩繪華麗，檐角長伸高聳，大有展翅欲飛的雄姿。前檐八根石柱，柱礎雕刻有龍、鳳、花、巢、水波及蓮瓣、寶裝荷花等紋樣。雕工精美，匠心獨具，有明顯的唐宋風格。殿門上的對聯是：

甘露灑諸天現清淨身說平等法；

慈航超彼岸以自在力顯大神通。

雕刻：對雕、刻、塑三種創製方法的總稱。指各種可塑、可雕、可刻的硬質材料，創造具有一定空間的具有可視、可觸的藝術形象。藉以反映社會生活、表達藝術家的審美感受、審美情感和審美理想的藝術。歷史悠久、技藝精湛的各種雕塑工藝，如牙雕、玉雕、木雕、石雕、泥雕、面雕、竹刻、骨刻、刻硯等，是中國工藝美術中珍貴的藝術遺產。

千佛殿殿內正中塑有通體貼金的「三身佛」。中為「法身」，指佛先天具有的佛法體現於自身，名為毗盧遮那佛，由藤胎漆塑造。

東側為「報身」，名盧舍那佛，為公元一四七七年用兩千五百公斤銅鑄成。西為「應身」，名釋迦牟尼佛，也為銅質，公元一五四四年鑄造。佛頭頂有螺形肉髻，體態雍容，眉骨高凸，目光凝重。

千佛殿的這三尊佛像皆結跏趺坐，儀容端莊，衣紋流暢，服飾簡潔，具有強烈的藝術感染力。

■千佛殿內盧舍那佛

千佛殿內釋迦牟尼佛

　　在千佛殿的西殿上還有許多高三十公分的銅鑄和木雕小佛，「千佛殿」的名字也是由此而來。

　　此外，在現存天王殿外的東側，還有一通刻於公元六八八年的唐垂拱造塔記碑。垂拱是武則天當權時的年號。這通碑石是靈岩寺現存年代最早的碑刻。此碑記載中所造之塔，已無從考證，但根據唐時寺院的布局，應該在寺院的中軸線上，現今的千佛殿門前。

　　靈岩寺內的御書閣位於千佛殿東北側。面闊三間，深兩間，單檐歇山式屋頂，檐下置斗拱，單翅單昂。唐貞觀年間由慧崇和尚創建。宋大觀年間仁

欽和尚重修，現存為明代建築。此閣曾供奉唐太宗和宋太宗、真宗、仁宗、徽宗諸皇帝所賜御書，後因兵亂被焚，只剩空閣。

斗拱：中國建築特有的一種結構。在立柱和橫梁交接處，從柱頂上的一層層探出成弓形的承重結構叫拱，拱與拱之間墊的方形木塊叫斗。兩者合稱斗拱。

現存的御書閣閣基嵌有歷代名人書法石刻。這些石刻風格各異，尤以宋代書法家蔡卞所書《圓通經》偈語碑及蔡安持的題詩墨跡為佳，其筆勢飄逸，蒼勁秀麗，為人所讚許。

蔡卞（公元一〇四八年至一一一七年），字符度，北宋興化仙遊人。蔡京之弟。他與蔡京同登神宗熙寧三年進士，調江陰主簿。元豐中，歷同知諫院、侍御史。拜中書舍人兼侍講，進給事中。哲宗立，遷禮部侍郎。使遼還，以龍圖閣待制知宣州，徙江寧府，歷揚、廣、越、潤、陳五州。

■寺內的般舟殿遺址

■似龍鳳飛舞的千年古檀

在現存御書閣閣基的上方，有一檀樹，盤根錯節，若卷雲升騰，似龍鳳飛舞，為靈岩寺又一大景觀。俗稱「雲檀」，也稱鳳檀、千歲檀。此檀的東面峭壁上還生一檀樹，因形似蛟龍而謂之「龍檀」，有龍鳳呈祥之說。兩株檀樹已有千年樹齡，屬青檀，是稀有樹種之一。

靈岩寺內現存的般舟殿遺址位於千佛殿北面，早年被山石淹沒，公元一九九五年發掘出土。

般舟殿始建於唐朝，宋代有過維修。現存的遺址有高大的台基，底部石砌部分為唐代遺蹟，上部磚砌部分為宋代遺蹟。

台基又稱基座，指台的基礎。在建築物中，高出地面的建築物底座。用以承托建築物，並使其防潮、防腐，同時可彌補中國古建築單體建築不甚高大雄偉的欠缺。有普通、較高級、更高級和最高級四種。

從現存的柱網布局看，唐代始建的般舟殿面闊五間，進深三間。殿內置有三尊佛像的佛台，兩側及後部砌有羅漢台。有兩座柱礎飾龍鳳花紋，雕刻精湛，紋飾華美。殿前為月台。

柱網布局是確定柱子的排列形式與柱距的布局。布局依據必須滿足建築使用要求，同時考慮結構的合理性與施工的可行性。

　　此外，般舟殿遺址前還出土一座石塔和兩座八角經幢以及部分石佛頭像，均是佛教藝術精品。

■海內名剎靈岩寺

　　其中，名叫「佛頂尊勝陀羅尼經」的經幢為公元七五三年雕造。經幢的基座為方形，每面雕一巨型鋪首，凝眉瞪目，呲牙咧嘴，鬍鬚似動，頗有神氣，與河北趙縣安濟橋的欄板雕刻近似。

　　其上為圓形束腰蓮座，在束腰部刻有八面佛像，面部圓滿，細目長眉，鼻翼豐肥，嘴角微翹，雙目低垂，面容略帶微笑。在基座上雕刻此內容並不多見。

　　另一座八角經幢為公元八六○年雕造，經幢上層仰月，覆蓮瓣之間的圓形束腰，有五個雲頭形壺門。內飾高浮雕，南向有一伎樂天，舒臂抬腿，翩翩起舞。東西兩側各雕一鷹身人首，雙翼展開的羽人，一持排簫，一持檀板。南北二畫面為雄雌二龍，雄龍體型碩壯，身體自然蟠絞，頭大獨角，雙目圓睜；雌龍頭小腰細，形象柔和，兩條龍剛柔相濟，美妙絕倫。

　　伎樂天是佛教中的香音之神。在敦煌壁畫中伎樂天亦指天宮奏樂的樂伎。是上天「天龍八部」神之一，住在須彌山南金剛窟，天欲作樂時，其身自現

異相，飛行於天空，手持樂器，翩躚飄舞，故又稱天樂神、伎樂天、樂神、音樂天、凌空之神。是佛教中歡樂吉祥的象徵。

小石塔為公元七三五年建造，塔身正面有精美浮雕，龕楣雕成火焰狀壺門，龕門兩側雕二力士，門上方中間為一鋪首，凝眉瞪目，獠牙外出，兩爪屈伸做捉捕狀；其上二龍首獸，身體相交，回首對視；兩上角為相向的雙鶴，兩下角有手托寶珠的二飛天。畫面結構嚴謹，布局得當，刀法利健雄渾，頗似歷城柳埠龍虎塔的浮雕，故有「小龍虎塔」之稱。

龕楣佛龕的龕口包括楣、梁、柱三部分，龕楣指佛龕的外檐部分，它以泥雕浮塑出來，高於牆壁平面，是龕口主要裝飾部位，其精美的裝飾圖案象徵佛光，用以顯示佛法的偉大。

般舟殿原為靈岩寺內的主要建築之一，此處四周群山環抱，蒼柏疊翠，環境甚佳。有詩稱讚說：

般舟古殿最先風，運載含靈不可窮。

生死海中波濤險，莫教沉溺失前功。

石窟是一種就著山勢開鑿的寺廟建築，裡面有佛像或佛教故事的壁畫。原是印度的一種佛教建築形式。佛教提倡遁世隱修，因此僧侶們選擇崇山峻嶺的幽僻之地開鑿石窟，以便修行之用。

唐代古蹟證明功德龕，又名積翠證盟殿、證明殿，積翠證明龕、方山證盟殿、方山證明功德殿等。踏入靈岩山門廣場便抬頭可見此殿。它海拔高六百八十三公尺，依山鑿壁，建於唐初。

■寺內大殿一角

積翠證盟殿其實是一座石窟，俗稱紅門。石窟平面呈橢圓形，中間雕琢一高約五公尺的釋迦牟尼佛像，左右兩側為二菩薩、二弟子、二獅，共七軀雕像。

殿中的主像為圓雕，釋迦牟尼佛結跏趺坐於高大石台上，身著通肩式袈裟，長頸，高肉髻，面部豐腴，兩耳垂肩，高鼻大眼，手施說法印，形體碩壯，神情莊嚴。

觀音、地藏立侍主佛兩側，腳踩蓮花裸露上身，胸佩瓔珞，兩弟子為迦葉和阿難，雙獅為蹲坐式，雙目凝視。這種組合是隋唐時期比較流行的做法。

證盟殿上為陡崖，因夏季多雨，長滿苔蘚，稱為「積翠岩」。遠遠望去，絕壁如削，紅色的證盟殿，猶如掛在翠綠的陡壁上，極為壯觀，有「方山積翠」奇景之稱。

■千佛殿內毗盧遮那佛

　　遺留下來的唐朝文物魯班洞位於靈岩寺內大雄寶殿西側。這是公元一九九五年發掘清理後發現的。相傳，這裡本是東晉十六國時前秦隱士張忠的穴居之處，又傳是朗公藏骨的地方。後來，經過現代文物學者的考察認為，這裡其實是靈岩寺早期進入寺院的山門。

　　「魯班洞」實際是一座石砌拱券式門洞。券洞北端有七級石階，階上為平台，上有頂覆蓋，構成方室。闢有東、西、北三門，北門門楣上雕刻人面紋飾，門前兩側各立一座雕刻古樸粗獷的石獅，為早期石刻作品。

　　拱券式：所謂拱券，是拱與券的合稱。拱券式結構的建築主要用磚、石或土坯材料建造。用這些材料黏結砌築而成的跨空結構砌體，既覆蓋其下的空間，又造成圍合四壁，及承托其上屋頂的作用。

■寺內現存慧崇塔

　　方室東西兩門均有石階可通頂部的山門殿。從頂部殿堂遺址殘存的柱網布局看，山門殿內為面闊三間，進深三間的建築，殿後為一石拱橋，橋面中央刻有縱向排列的四朵蓮花，經專家綜合推斷，該遺址的建築年代不晚於隋代，應是目前發展時代最早的拱券式門洞。

　　洞內石壁上嵌有公元七四二年大書法家李邕撰寫的靈岩寺碑頌並序殘碑，及唐、宋、明時期的題記，最早為公元七一一年所刻。

　　靈岩寺碑頌並序立於公元七四二年。碑殘高一百九十公分，寬一百公分，厚四十五公分，此碑於清乾隆年間不知所蹤。公元一八五六年，晚清詩人何紹基訪得，時已斷為兩截，今下半部前九行文字已佚失，後十行銘文亦殘近半，無法貫通文意。該碑書法豪邁奔放，是李邕的得意之作，價值極高，為碑刻中的珍品。

靈岩寺內的慧崇塔便是高僧慧崇的墓塔。據說，他活到一百二十歲，圓寂後，人們為了紀念他的功德，便在靈岩寺內的墓塔林裡，為他修建慧崇塔。

此塔建於唐天寶年間。塔高五點三公尺，每面寬三點七四公尺，為石結構單層石塔，風格與四門塔相似。塔南壁闢真門，東西為半掩式假門，假門中雕一人像，東面半身掩進，似正邁步裡走，西面半身探出，似正在跨步走出，極為生動逼真。

■靈岩寺闢支塔

　　塔門上雕有獅頭、伎樂、飛天、武士等精美浮雕。塔頂出檐兩層，以石板疊澀挑出又逐層內收，上置露盤、仰蓮寶珠等組成塔剎。塔心為方形內室，該塔古樸渾厚，保留部分六朝、隋代的藝術風格。

　　四門塔位於泰山之陰，濟南市南郊三十公里的柳埠鎮。遠古時期，我們的祖先便勞動生息在這塊美麗的土地。公元四世紀後半葉，這裡建起一處佛教中心「朗公寺」，即後來之「神通寺」，為山東最早的寺廟。

　　另外，靈巖寺內的另一勝蹟辟支塔，挺立於千佛殿西北部。關於此塔的修建時間說法不一：一說是它始建於唐代；另一說它始建於宋代。

　　這辟支塔是靈巖寺標誌性的建築。「辟支」出於佛教，音譯為「辟支迦佛陀」，略稱「辟支佛」。辟支塔，也就是辟支佛塔，佛塔起源於印度，稱「窣堵波」或「浮圖」，是用來藏舍利子和經書用的。

　　靈巖寺現存的辟支塔是一座密檐樓閣式磚塔，八角九層，塔高五十五點七公尺，塔基為石築八角。上有浮雕，鐫刻古印度孔雀王朝阿育王皈依佛門等故事。塔身為青磚砌就，下三層為雙檐，塔檐與塔逕自下而上逐層遞減，收分得體。

　　辟支塔內部一至四層設塔心，內辟券洞，砌有台階，可拾級而上。自第五層以上砌為實體，登塔須沿塔壁外腰檐左轉九十度進入上層門洞。塔身上量鐵質塔剎，由覆體露盤、相輪、寶蓋、圓光、仰月、寶珠組成。自寶蓋下垂八根鐵鏈，由第九層塔檐角上的八尊鐵質金剛承接，在塔內延續到地下，起避雷作用。

　　圓光是佛、菩薩及諸聖神頭後的光圈，表示佛法的威儀。圓光內或畫蓮花、卷草、石榴、團花、半團花或幾何紋樣等，每層邊飾繞圓光作裝飾，特點是對稱、連續、均齊、平衡，有嚴整的格律而又不失其活潑。

　　辟支塔造型勻稱，比例適度，精細壯觀，雄偉挺拔。宋代文學家曾鞏這樣形象地描繪道：

　　法定禪房臨峭谷，辟支靈塔冠層巒。

■海內名剎靈岩寺

宋朝宰相李沆的題詩也寫出它的氣勢：

靈岩山勢異，金地景難窮。

塔影遮層漢，鐘聲落半空。

明代王重儒這樣讚道：

寶塔巍峨震地靈，摩雲劍閣映高屏。

應經煉石女媧手，玉柱擎天碧海青。

辟支塔基原裝飾著四十幅浮雕，現存三十七幅。

　　浮雕雖然表現的是古印度的佛教傳說，但形象構圖和雕刻手法，皆為中國傳統模式，構圖緊湊嚴謹，在傳統的散點透視基礎上，又摻加國外稚拙藝術的焦點透視。

這些浮雕對研究當時的宗教、禮制、建設、服飾、社會生活、生產技術、雕刻技法、連環畫藝術等諸多方面，都是不可多得的珍貴資料。類似題材，保存如此完整的佛塔基座，目前，在中國僅此一處。

【閱讀連結】

傳說靈岩寺的五花殿為魯班所造，所以魯班死後就把他埋葬在魯班洞。其實魯班是春秋時期魯國建築工匠，而朗公和尚創寺於東晉，魯班肯定幫不上忙。

可見「魯班洞」是因魯班修建五花殿有功而造，顯然為民間傳說的一廂情願，不必當真。

中國國家文物局於公元一九九四年批准對魯班洞進行清理挖掘，確認這裡不是魯班墓，而是一個石砌拱卷式門洞，經確認是早年進入靈岩寺的山門。

宋代帝王親賜寺廟之名

到了宋代，靈岩寺的發展達到歷史上的最大規模。其殿堂、廊廡、廚房、僧房，共計有五百四十多間，據現存在寺內的靈岩千佛殿碑中記載稱：

野有良天可以封萬戶，

另有華屋可以蔭萬夫。

帑有羨資可以蘇萬民，

僧有方便可以化萬心。

同時，在宋真宗景德年間，皇帝還為靈岩寺賜名為「景德靈岩禪寺」。公元一〇七〇年，朝廷又頒布《敕牒牌》，敕賜靈岩寺更名為「十方靈岩禪寺」。從那時起，寺院住持均由皇帝欽定，這一制度一直延續到明朝。

■廊廡指「堂下周屋」，即堂下四周的廊屋。分別而言，廊無壁，僅作通道；廡則有壁，可以住人。

關於這一事件，在現存的靈岩寺天王殿外東側的靈岩寺敕牒碑上，清楚地記錄當時的敕賜詳情。

除靈岩寺敕牒碑外，靈岩寺現在還保留從宋朝留下的眾多文物古蹟。

進入靈岩寺第一道山門，可以見到一座大石橋，這座石橋又名崇興橋、崇福橋或通靈橋。

此橋始建於公元一一八〇年，由靈岩寺高僧仁欽創建。後來，宋朝始建的大橋被山洪沖毀，明朝重修後，更名為「通靈橋」。

崇興橋長四十一點六公尺，寬八公尺，高十六公尺，為傳統的石拱橋。橋下砌一個大券拱，用若干弧形方石拼砌而成，拱下巨石壘砌支撐，橋面兩端較寬，中部略窄略鼓，給人以曲線美，設計科學，工藝精妙。

橋北側並立宋明兩塊石碑，宋碑又稱大觀碑。陽面鐫刻仁欽禪師的修建崇興橋記，王高篆額，碑文是北宋著名畫家郭熙之子郭思所撰，郭思的兒子郭升卿書。碑記字體頗仿蘭亭筆法，是靈岩寺名碑之一。明碑是重修通靈橋記碑。

郭熙（公元一〇二三年至一〇八五年），字淳夫，河南溫縣人，是中國北宋時期傑出畫家之一。熙寧年間為圖畫院藝學，後任翰林待詔直長，創作活動旺盛的時代正是宋神宗在位時。

郭思，宋代官吏，字得之，河南孟縣人，北宋畫家郭熙之子。郭思是進士出身，在陝西華縣等地任官時，熱心於普及醫藥驗方，曾取《千金方》諸方論說，附入所錄自己和他人經用有效之方，集為《千金寶要》六卷。

■靈岩寺碑林

■靈岩寺現存的大雄寶殿

在靈岩寺前，還有一條小溪，相傳，宋真宗曾在這裡飲馬，故稱「飲馬溝」。

靈岩寺的大雄寶殿，原名明獻殿，是已傾毀的五花殿的前堂。此殿始建於宋嘉祐年間，明代正德年間更名為大雄寶殿。在明代和清代均有修復，建築基座仍沿用宋代覆蓮柱礎和淺刻流暢的八角柱。

柱礎是中國古代建築構件一種，俗又稱礩盤，或柱礎石，它是承受屋柱壓力的奠基石，凡是木架結構的房屋，可謂柱柱皆有，缺一不可。

此殿面闊五間，進深六間，前為外廊式卷棚，後為硬山頂，構成勾連搭，前有月台。是現在靈岩寺的正殿，也是寺內僧人們講經的地方。殿內正中供奉的是佛祖釋迦牟尼。。

一般說來，寺院的大雄寶殿供奉的都是一佛二菩薩，而此殿內供奉的卻是一佛四菩薩。

■現存五花殿遺址

在釋迦牟尼左手邊站立的是智慧第一的文殊菩薩，右手邊站立的是有大行大德的普賢菩薩，這兩位菩薩與釋迦牟尼一起組成「釋迦三聖」。

另外，在釋迦牟尼左右兩邊還有坐立的觀音菩薩和地藏王菩薩。

羅漢又名「阿羅漢」，即自覺者，在大乘佛教中羅漢低於佛，菩薩，為第三等，而在小乘佛教中，羅漢則是修行所能達到的最高果位。佛教認為，獲得羅漢這一果位，是斷盡一切煩惱，應受天人的供應，不再生死輪迴。在中國寺院中常有十六羅漢、十八羅漢和五百羅漢。

在大雄寶殿以北，是宋景佑年間，由瓊環長老創建的五花閣。但此閣早已毀於火災，現存的是五花殿遺址。據《靈岩志》記載：

閣架兩層龜首四出，備極精工，前人稱為天下第一。

從歷史記錄中可以知道，早期的五花殿為兩層：上層供奉毗盧、藥師、彌陀三佛；下層供奉圓通菩薩。進深五間，四面各有一門，門下各探出一個龜首，四周迴廊壯麗，可惜此殿毀於清末大火。現在僅存門前宋代的八棱石柱及覆蓮柱礎。

在宋代對靈岩寺的擴建中，最具貢獻的是北宋宣和年間，泥塑家齊古施塑造的彩色泥塑羅漢像。

這些羅漢像原本共有五百尊，最初立於千佛殿西側的「十王殿」中，後來十王殿被毀，五百尊羅漢只剩了四十尊。清代以後，這四十尊佛像被移至千佛殿內，成為靈岩寺現存的國寶文物。

泥塑：即用黏土塑製成各種形象的一種民間手工藝。在民間俗稱「彩塑」、「泥玩」。發源於寶雞市鳳翔縣。流行於陝西、天津、江蘇、河南等地。公元二〇〇六年入選中國非物質文化遺產。

現存的這四十尊羅漢像有包括靈岩寺的朗公、法定、慧遠在內的十一位中國高僧和二十九位梵僧。羅漢像身高一點一公尺至一點二公尺，其中有三十二尊羅漢像塑於宋代，八尊補塑於明代。

這些羅漢像塑造技藝精湛，寫實性強，形體、比例與真人相像。其情態各異，有的禪坐，有的執杖，有的屈膝，有的光足，有的怒目，有的沉思，有的爭辯，有的說法，無一雷同，生動傳神。

■靈岩寺的千佛殿佛像

其衣飾彩繪也處理得乾淨俐落，線條有的柔美流暢，有的剛健有力，有曲有直，有深有浮，富於節奏。色彩豐富，點染塗描，技法純熟，堪稱中國古代泥塑遺存中的藝術瑰寶。

公元一九二二年七月，著名學者梁啟超為此揮毫題字，譽之為「海內第一名塑」。中華人民共和國成立後，現代著名美術大師劉海粟觀後稱之為「靈岩泥塑天下第一，有血有肉，活靈活現」。

這些評價正是對中國古代藝術才能的高度肯定。現在，梁啟超和劉海粟所書之碑立於靈岩寺千佛殿前兩側。

【閱讀連結】

據說，透過千佛殿的羅漢袈裟，能看出古人對人體解剖學的準確掌握。

另外，在公元一九八二年維修時還發現，這些彩塑羅漢像人體一樣有腹腔，腹腔內有用絲綢做的五臟六腑，此外還有五銖錢，開元通寶和宋代以前的銅錢、墨書題記等文物。

▌元代高僧組織修復寺院

靈岩寺作為長江以北最重要的佛教寺院，受到歷代帝王的重視。自從宋熙宗明確規定寺院主持由皇帝欽定以後，寺院歷代主持都是由帝王欽賜的。

到了元代，元世祖忽必烈更是非常重視佛教的發展，為此，靈岩寺也就理所當然地受到了官府和社會各界的特殊關照。

公元一二六七年，元世祖忽必烈親自任命的淨肅禪師為靈岩寺住持。此後，在淨肅住持主政靈岩寺的八年間，大規模地修繕了原有建築，並增建僧舍百餘間。從此以後，靈岩寺作為北方禪宗的重要寺院，在全國產生十分重要的影響。

■元世祖忽必烈（公元一二一五年至一二九四年），蒙古族，元朝的創建者。是監國托雷第四子，元憲宗蒙哥弟。尊號「薛禪汗」，青年時代，便「思大有為於天下」。是蒙古族卓越的政治家、軍事家。

據說，靈岩寺內現存建築金剛殿、天王殿等建築均始建於元代。

其中，金剛殿是靈岩寺的山門，為此也被稱為山門殿。面闊三間，進深兩間，單檐硬山式屋頂，約始建於元代，現存建築為清代重修遺物。

　　硬山式是常見古建築屋頂的構造方式之一。屋面僅有前後兩坡，左右兩側山牆與屋面相交，並將檁木梁全部封砌在山牆內，左右兩端不挑出山牆之外的建築。硬山建築是古建築中最普通的形式，無論住宅、園林、寺廟中都有大量的這類建築。這類建築以小式為最普遍。

　　殿前兩側置清初石獅一對，殿門上面的匾額上寫「靈岩寺」三個大字。

　　石獅就是用石頭雕刻出來的獅子，是在中國傳統建築中經常使用的一種裝飾物。在中國的宮殿、寺廟、佛塔、橋梁、府邸、園林、陵墓以及印鈕上都會看到它。但是更多的時候，「石獅」專門指放在大門左右兩側的一對獅子。

　　金剛殿裡有護法金剛，俗稱「哼哈二將」，「哼」為婆羅賀摩，婆羅門教、印度教的創造之神。據傳，他出自盆胎即佛教中所說的卵生，卵殼分為二，創造了天和地。「哈」為釋迦提桓因陀羅，「釋迦」是姓，「提桓」意為天，「因陀羅」意為帝，合稱「天帝」。「哼」、「哈」後來被佛教界吸收為護法神，塑在山門裡，守護佛法寺院的安全。

　　靈岩寺的天王殿也叫二山門，因殿內塑有護法四天王而得名，該殿面闊三間，進深三間，單檐硬山頂，約創建於金末元初，現存為明代重修。

■靈岩寺天王殿

天王殿殿東側塑的是持寶劍的增長天王和持琵琶的持國天王，西面塑著持傘的多聞天王和手繞一龍的廣目天王。根據四天王手中所持法器有「風、調、雨、順」的意思。

天王殿的中間還塑有坐北朝南笑口常開的胖彌勒佛，為此天王殿亦被人稱作彌勒閣。在這胖彌勒佛的背後，還塑有一尊韋馱像。

在天王殿外的東側，有幾通靈岩寺重要的碑刻。

一是唐垂拱造塔記碑；二是靈岩寺敕牒碑；三是靈岩寺田園記碑；四是元聖旨碑；五是元國師法旨。

透過這些碑文上的內容可知，當時靈岩寺的寺界東至棋馬嶺，南至明孔山，西至雞鳴山，北至神寶寺。寺境東西十公里，南北五公里。

天王殿的彌勒佛

由於歷代帝王利用佛教為其統治服務，對靈岩寺的保護和稅收均有敕賜。如宋代「免服差役，止納稅糧」。金、元、明各代均免稅和徭役，並明文規定，

「寺戶籽粒全為供奉香、燭之用，官定瞻寺地三十五頃」。靈岩寺因此擁有眾多的田產，附近六律莊、靈岩村、小寺、野老莊的農家均屬寺院的佃戶。

徭役：中國古代統治者強迫平民從事的無償勞動。包括力役、雜役、軍役等。它是國家強加於人民身上的又一沉重負擔。徭役始於先秦，當時，法律規定成年男子必須為政府從事力役和兵役。開始服役的年齡為十七歲。之後，西漢景帝二年（公元前一五七年）定為二十歲，後改為二十三歲；免除徭役的年齡為五十六歲。

【閱讀連結】

在印度佛教中，傳說在須彌山腰有一座山叫犍陀羅山，山有四峰，各有一王居住，各護一天下，四天王所居之天稱作四天王。

中國佛教寺院中一般均有四天王塑像，他們各是東方持國天王，其塑像身白色，持琵琶；南方增長天王，身為青色，持寶劍；西方廣目天王，身為紅色，手繞纏一龍；北方多聞天王，身為綠色，右手持傘，左手持銀鼠。

他們各有一個從者，順次是乾闥婆、鳩槃荼、龍、夜叉，還各有九十一子輔佐四王守護十方，據稱四天王各有八大名將，代為管理所屬各處山河、森林及其他地方的小神。

▊乾隆皇帝題名「靈岩八景」

在靈岩寺山門外廣場東面懸崖上，鐫刻乾隆皇帝御書的八通御碑，人稱「御碑崖」。

御碑崖主要記載乾隆皇帝出巡，九次來靈岩寺時留下的部分詩篇。

乾隆皇帝一生喜歡遊山玩水，他十一次到泰安，九次巡幸靈岩，在他第二次巡幸前，靈岩寺住持在寺內甘露泉西側修建愛山樓，又稱「乾隆行宮」。乾隆帝後八次巡幸靈岩都住於此。

巡幸：舊時帝王巡視各地。古時候的皇帝在家待膩了，就會出皇宮到外面蹓躂蹓躂，有的時候是光明正大地出去，有的時候是微服私訪，但無論是哪一種都是叫做「巡幸」。

在乾隆帝第二次巡幸靈岩時，特意為靈岩寺題名「靈岩八景」，並在以後每次都為這八景逐一賦詩，這樣，他先後在靈岩留下百餘首詩。

乾隆帝為靈岩寺題名的這八景分別為摩頂松、巢鶴岩、卓錫泉、鐵袈裟、白雲洞、雨花岩、甘露亭和愛山樓。

■寺內廟宇上的琉璃瓦當

其中，摩頂松是一棵樹齡千年的古樹，位於靈岩寺五花殿西側。

關於摩頂松的來歷，有個很有趣的民間傳說。相傳，唐僧往西域取經，臨行前，曾來靈岩，見寺內有一棵松樹甚為茂盛，於是手摩松樹說道：「我要西去求佛，教汝枝長，歸時東向，使吾門弟子知之！」

唐僧西去後，樹枝果然朝向西方，數年後，這樹枝又忽然向東指。寺僧見了說：「我們的師父回來了。」不久，唐僧果然回來了，摩頂松由此得名。

■唐僧（公元六〇二年至六六四年），也稱玄奘。漢傳佛教史上最偉大的譯經師之一，中國佛教法相唯識宗創始人；俗姓陳，名禕，出生於洛陽偃師，出家後遍訪佛教名師。公元六二九年，玄奘從京都長安出發，歷經艱難抵達大竺。遊學於天竺各地，公元六四五年回到長安，在大慈恩寺等寺院進行研究和翻譯佛經直到圓寂。

　　乾隆題名的巢鶴岩在證盟殿西南處，又名蹲獅岩、晾經台。此處岩體突出，三面陡絕，壁立萬仞，登臨石上，猶如置身半空，尤其是秋天在上面可看到煙樹、雲山、黃花、紅葉，鳥鳴谷應，心曠神怡，別有乾坤。其上還建有巢鶴亭，亭中立乾隆御碑。相傳，法定禪師來靈岩時，飛起的白鶴住宿在此而得名。此岩也是法定禪師晾晒虎駄時被泉水打濕經卷的晒經台。

　　八景中的卓錫泉即是法定大師卓錫而留的泉。鐵袈裟在靈岩寺東南側懸崖下，它是一塊高二點零五公尺、寬一點九四公尺的巨大鐵塊，因其外形不

規則，有許多凸起的紋絡，縱橫交織，看上去很像僧人的袈裟，因此被稱為「鐵袈裟」。

這塊巨型的鐵塊凹凸有致，應該是有意雕塑的鐵像。關於它的來歷眾說紛紜，無　定論。

傳說，法定禪師建寺時有鐵自地下湧出，冷凝後成此袈裟。傳說固然美麗，但仍如「五步三泉」一樣神奇卻不可信。

白雲洞在可公床的上方，洞高三公尺，主洞進深七公尺餘，洞壁上鑲嵌乾隆皇帝欽書御碑七通。

■靈岩寺石刻

白雲洞洞門上方是懸崖，古柏倒掛，凌空欲飛，時有雄鷹盤旋。在此鳥瞰山谷，蔥鬱深邃。空谷幽響，時鳴耳畔，每逢急雨乍停，或陰雨連綿之際，西北風送著雲霧，爬過方山之巔，如瀑布般瀉向白雲洞一帶的山巒間，然後受到山坡升起氣流的阻擋，而冉冉飄向白雲洞兩側，從東南方向遇山迴旋的氣流，又把雲霧吹回，如此，不斷地下瀉升起、吹回、翻浪、飄蕩在白雲洞的上空。猶如白雲從洞口湧出，洞遂被稱為白雲洞。

從靈岩寺對松橋南去，有一東西大溪橫隔，南岸嵯峨幽僻，形似抱廈，有水自峭壁間滴瀝，春夏秋三季，銀雨如灑，水花四濺，景緻奇特，取名「滴水崖」。

■寺內的萬年靈樹

抱廈：中國古代建築術語。是指在原建築之前或之後接建出來的小房子。也就是圍繞廳堂、正屋後面的房屋。顧名思義，在形式上如同摟抱正屋、廳堂。宋代管這樣的建造形式的殿閣叫做「龜頭屋」，清代時的叫法就是「抱廈」。

　　滴水崖冬季滴水成冰，自上而下成為冰柱，橫觀則成冰川狀。公元一七五七年乾隆皇帝遊覽至此，揮筆寫下「雨花岩」三個大字。滴水崖懸崖滴瀝，水流花開，魚躍鳶飛。曾有詩這樣寫道：

　　懸崖滴漏絕喧塵，

　　枝履何辭遠問津。

　　石竇飛泉寒漱玉，

　　溪花落水淡含春。

　　斜攀曲徑松為蓋，

　　倦枕清流草作茵。

　　自是桃源仙隱地，

　　可憐身世日因循。

　　靈岩八景中的甘露亭和愛山樓位於靈岩寺大雄寶殿東北五百公尺處的靈岩寺舊址處，這裡因為有「靈岩第一泉」之稱的甘露泉而出名。乾隆皇帝的行宮便建在此泉旁邊，甘露亭也因此泉而修。據說，在甘露亭一帶還建有達摩殿、五氣朝元殿、觀音殿等。但直到現在，這些殿宇、亭台、行宮等建築已蕩然無存，唯有甘露泉尚存。

　　這泉水自崖下石縫流出，匯入長五公尺，寬一點五公尺，深一點四公尺石砌方池，清澈見底，終年不涸，盛水時節，水自池面石雕龍口瀉出，沿溪奔流，聲傳數里。池東側崖壁上嵌「甘露泉」石刻，三字塗丹，為乾隆皇帝御筆。

　　乾隆帝不僅題寫這八大景色，還親自為每一景都刻立額碑和賦詩碑，並命人在這些景點建亭。至今，靈岩寺內還保留這位帝王親自題寫的手跡碑刻二十七通。

【閱讀連結】

　　關於「摩頂松」的來歷，眾人一致認為是唐僧玄奘取經經過這裡而來。但這一說法，卻被清朝皇帝乾隆提出了疑義，他十一次來靈岩寺，就有九次題贊「摩頂松」，其中有八次為考古的墨跡。

　　乾隆認為，玄奘是從長安出發到西域的，摩頂松怎麼發生在山東？他覺得司馬遷和班固記述的史書都有差錯。他最後一次來靈岩寺，又題「摩頂松」一首：

　　頂自稱摩松自安，底須唐史檢重看。

　　佛無來去人豈易，玄奘試詢想答難。

▍寺內現存其他名勝古蹟

▍寺內的古老建築

靈岩寺從修建至今，經過上千年的歷史變遷，是中國歷史上最重要的佛寺之一。

靈岩寺為唐貞觀年間慧崇高僧建造，但經過宋、元、明等幾代的修葺，已非原建，現存的多屬宋代建築。

現存的主要建築物從寺院至山巔有殿閣三十六處，亭閣十八座，文物眾多，古蹟薈萃。又有北如蹲獅的方山，東如駱駝的朗公山，南如臥象的竹山。

■靈岩勝境坊

寺內現在主要建築由南至北依次可見：一山門、天王殿、鐘樓、鼓樓、東廂房、西廂房、韋陀院、大雄寶殿、十王殿、千佛殿、御書閣、辟支塔、方丈院、積翠證盟龕和般舟殿、彌勒殿、五花殿遺址等。另有自唐宋以來的歷代石刻、石碑、匾額，還有坐落在寺院西側山南坡的墓塔林。這些文物古蹟歷經社會變革倖存下來，成為稀世珍寶，有的堪稱東方文化的精英。

明代文學「後七子」領袖王世貞稱讚道：

靈岩是泰山背最幽絕處，遊泰山而不靈岩，不成遊也。

東方文化：主要是指亞洲地區，包括部分非洲地區的歷史傳統文化。東方原本只是一個相對的地理概念，在歷史上處於不同地理位置的國家，其所

指稱的東方是不同的。近代以來，人們逐漸形成一個約定俗成的共識，即把歐洲以東的地區稱為東方。

公元一九八二年，靈岩寺被中國國務院列為全國重點文物保護單位。之後，越來越多的人來此旅遊觀光，靈岩寺也成為著名的遊覽勝地。

■接引松：接引松所在的名景區始信峰三面臨壑，唯有東南與另一峰相隔丈許，早先斷木為橋，以渡遊客。

進入靈岩寺，首先可以見到第一道山門靈岩勝境坊，緊接著出現的是朗公石、崇興橋、明孔洞、對松橋、滴水崖、黃茅崗、飲馬溝、新石橋、十里松、大靈岩寺碑、御碑崖等。這些景點，為靈岩寺增添厚重的歷史和文化韻味。

這靈岩勝境坊，是靈岩寺的第一道山門，屹立在寺區的西端，為石坊。此坊建於公元一七六一年。牌坊上的大字坊額「靈岩勝境」，為乾隆皇帝親筆題寫。過了石坊，就是靈岩寺景區。

在靈岩寺停車場東北側，有一單孔曲拱石橋，俗謂「小石橋」，古稱「明孔橋」。

小橋為明代修建，清乾隆年間修葺。橋頭古柏蔥鬱，一對松樹翹首以待，態度非常誠懇，只有黃山始信峰上的接引松可與之媲美。因其遠望如塔的松門，故稱對松橋。

對松橋是古代僧侶遠迎來客的地方。在此，人們可眺望群峰爭秀，俯聽溪流低吟，另有一番意境，更增添尋幽探勝的興致。

在距靈岩寺寺門不遠處，有一黃茅崗。此地亂石大小不等，高低相間，似一群綿羊，有的類昂首奔跑，有的如低頭啃草，有的像臥圈休息，有的似羊羔緊緊依偎著老羊。這些狀如群羊的滿崗亂石，是新太古代經球形風化而成。

太古代是地質發展史中最古老的時期，延續時間長達十五億年，是地球演化史中具有明確地質記錄的最初階段。由於年代久遠，太古代保存下來的地質記錄非常破碎、零散。地球的岩石圈、水圈、大氣圈和生命的形成都發生在這一重要而又漫長的時期。

在黃茅崗蒼松翠柏中的「接官亭」是近代建築，傳說過去來靈岩寺的官員一律在此停馬下轎，靈岩僧人在此迎接。

在黃茅崗以東，便是飲馬溝。飲馬溝上架橋，名「新石橋」，新石橋為明朝釋圓桂建造。橋欄望柱上雕刻有形象逼真的石獅，橋頭北面崖壁上嵌「十里松」大字石刻，是明萬曆年間戶部主事劉亮彩所書。

從黃茅崗東行不遠，穿過越來越茂盛的樹木，即可到十里松。十里松是指靈岩勝境坊至靈岩寺，沿途連亙十里的古柏，盡頭為十里松橋。橋北崖壁上嵌「十里松」大字石刻，為公元一五二八年，右副都御史胡纘宗所書。

大靈岩寺碑原嵌於廣場戲樓前，今位於靈岩寺山門西南處，成為迎接遊客的標誌。「大靈岩寺」四字，是公元一三四三年，西夏人、山東肅政廉訪副使文書訥書丹，碑陰鐫蒙古僧家奴跋語。廣場東側山岩石壁上，有清乾隆皇帝手書詩刻多方。至此便到達佛門聖地靈岩寺。

■大靈岩寺碑

■靈岩寺的塔林

靈岩寺一山門也稱金剛殿，殿門內清溪東西涓流，上架三橋，也稱三孔橋。它們分別有名字，東曰「虎溪」，中曰「聚善」，西曰「接引」，皆為建寺時建造。寺內僧人送客至此溪則止。

靈岩寺的天王殿也稱二山門。殿的北面院落兩側為鐘樓和鼓樓。這兩樓由宋代妙空和尚營建，後代不斷重修，現存為清代遺物。鐘樓內懸掛的銅鐘重兩千五百公斤，為正昂和尚於公元一五一一年主持鑄造。

鐘樓內置鐘，鼓樓內置鼓。鐘、鼓都是佛教法器。凡住持上堂、小參、普法、入室都要擊鼓。大鐘是寺院的號令，曉擊則破長夜警睡眠、暮擊則覺昏衢疏冥昧，僧眾聽到鐘聲就要上殿。「曉擊則破長夜警睡眠、暮擊則覺昏衢疏冥昧」意思是說，早晨擊鐘是為了喚醒出家人早起，晚上打鐘能夠打破廟觀黃昏時的沉悶和陰霾，激發寺廟的生氣與活力，召喚僧人進入晚上靜坐習功之時。

天王殿之後便是大雄寶殿、五花殿遺址、千佛殿、御書閣、般舟殿遺址、辟支塔等。

從辟支塔往西走不遠，便是靈岩寺的墓塔林。這是靈岩寺歷代高僧的墓地。塔林中有北魏、唐、宋、金、元、明遺物。現存墓塔一百六十七座，墓誌銘石碑八十一通，規模可與嵩山少林寺的塔林相媲美。與少林寺不同的是靈岩寺塔林是石塔，其石塔之多，在中國是首屈一指的。

這裡的每座塔都由塔座、塔身、塔剎組成。塔座呈方形，圓形，八角形，一般都有浮雕裝飾；塔身一般較高大，上刻僧人法名年號；塔剎則有相輪、覆鉢、仰月、寶珠、花卉、龍圖等圖案造型。一座墓塔旁通常還有一通墓碑，記載高僧的經歷，是研究佛教史的珍貴實物資料。

相輪：塔剎的主要部分。塔剎從上到下依次是寶珠、龍車、水煙、九輪、受花、覆鉢、露盤。貫通中間的棒叫做「擦」，也稱為剎管。寶珠是最重要的裝有佛舍利。龍車是高貴者的乘坐。水煙意味避免火災。九輪也稱寶輪，代表五智如來和四菩薩。受花是用於裝飾的基台。露盤是覆鉢土台。

仰月：建築術語，在佛塔的塔剎部分中，把向天仰置的一彎新月形的構件，稱為「仰月」。

過甘露泉，沿石階攀登，可見名山石室，俗稱大石棚。相傳古時曾有人在此修煉。此處遠離山路，甚是清幽，有「禪林洞天」之稱。西側，上有岩石遮蔽的石台，是可公床。

■靈岩寺袈裟泉

石床上，有石刻《朗公傳》、摩崖大書「靈山一派」。乾隆皇帝的「萬丈碑」就刻在此處懸崖上。

在靈山北端，有一自然縫隙，如巨斧劈開，貫通南北，是靈巖寺通往後山的必經之路，行人置身其間，只見天成一線，險要奇絕，為靈巖奇景之一。

由證盟殿南下，過轉山東就可以見到一片寬闊的洞，深幽莫測，乾隆帝題額並賦詩四首。下為小石廠，東南峭壁如削，有平台，名可公床。東為大石廠，又名半室崖，可容數十人。

在靈岩寺東南側的鐵袈裟旁，還有一早名為獨孤泉的，濟南七十二名泉之一的袈裟泉，此泉因泉旁立有一形似袈裟的鑄鐵塊而得名。泉源旺盛，泉水四季不斷，為寺院主要飲用水。

此外，靈岩寺景區還有靈山、象山、黃峴山、積翠岩、懸星岩、快活岩、臥象泉、擅抱泉等著名景點，這些著名的美景讓靈岩寺更添色彩。

【閱讀連結】

可公是東吳人，明代靈岩寺的高僧，皇帝賜號「達觀大師」，自號「僧可」。可公善詩詞，長辯令。因他經常在石上坐禪，死後，弟子便把此石稱作可公床。

可公床頂上石壁有題刻，那是乾隆《登玉符山》二首。石床旁有一個凹進去的「名山石室」，可能是可公避雨的地方。

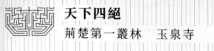

荊楚第一叢林　玉泉寺

　　玉泉山是一個以森林景觀為基礎、佛教文物為主體、三國遺蹟為依託，融其他自然景觀和人文景觀於一體的綜合性名勝區。

　　當陽玉泉寺坐落在玉泉山東麓，距離湖北省當陽市城西十五公里，為中國歷代著名的佛教寺院，是中國佛教天台宗實際創始人智者大師的道場和天台宗的祖庭之一。

　　智者大師創立天台宗，其重要代表著作《摩訶止觀》、《法華玄義》均在玉泉講演結集，在中國佛教史上留下「東土釋迦」，「九旬談妙」等佳話。

▌普淨禪師建寺廟雛形

　　《三國演義》是中國第一部長篇章回體歷史演義的小說，以描寫戰爭為主。反映魏、蜀、吳三個政治集團之間的政治和軍事鬥爭，大致分為黃巾之亂、董卓之亂、群雄逐鹿、三國鼎立、三國歸晉五大部分。明代作者羅貫中將兵法三十六計融匯於字裡行間，既有情節，也有兵法韜略。

　　讀過中國四大名著之一《三國演義》的人都熟悉東漢末年名將關羽。

　　當年，關羽離開梟雄曹操「千里走單騎」、「過五關斬六將」歸赴結拜兄弟劉備時，在第三關曹魏守將卞喜處。

　　卞喜明裡笑臉相迎，暗地裡設下毒計，想要在鎮國寺宴請關羽之時，擊盞為號，殺害關羽。

■關羽（公元一六〇年至二二〇年），字雲長，山西運城人。東漢末年的名將。劉備起兵時，關羽跟隨劉備，忠心不二，深受劉備信任。劉備、諸葛亮等入蜀，關羽鎮守荊州，劉備奪取漢中後，關羽乘勢北伐曹魏，曾圍襄樊、擒於禁、斬龐德。威震華夏，震動中原。但是東吳偷襲荊州，關羽兵敗被害。

這時候，關羽幸好得到鎮國寺住持普淨大師的密告，才能早有準備，並殺死卞喜奪關逃走。關羽走後，普淨大師自知此處難以存身，遂雲遊四方，後來，他看湖北當陽地區的玉泉山山清水秀，便於山中的梅花井灣結茅為庵，坐禪靜修。

■劉備（公元一六一年至二二三年），即蜀漢昭烈帝，字玄德，漢族，今河北涿州人，漢中山靖王劉勝的後代，三國時期蜀漢開國皇帝。公元二二一年在成都稱帝，國號漢，年號章武，史稱蜀或蜀漢。佔有今四川、雲南大部、貴州全部，陝西漢中和甘肅白龍江一部分。公元二二三年病逝於白帝城。諡號昭烈帝。

　　後來，劉備主政荊州，為答謝普淨救弟之恩，為他修一座廟宇，名為「普淨庵」。這便是當陽玉泉寺的雛形，也是湖北省最早的佛教寺廟。

　　這裡還有一個關公顯聖玉泉山的傳說。據說有天夜裡，明月高照，清風涼爽，三更天後，普淨還在庵中默坐。忽然聽見有人大喊：「還我頭來！」

普淨抬頭一看，只見空中一人，騎一匹赤兔馬，提一口青龍刀。左邊一位白臉皮的將軍，右邊一位長絡腮鬍子的大漢，緊緊跟隨。三人一起按落雲頭，在玉泉山頂馳騁大叫。

普淨認得那是關羽，於是拿了拂塵大叫：「雲長你在哪裡？」

無頭關羽，聽見普淨叫他的名字，靈魂猛地驚醒，立即下馬，乘風來到庵前，拱手問道：「老禪師是什麼人？願求法號。」

靈魂：指生命、人格，良心；精神、思想、感情等，也比喻事物中起主導和決定作用的因素。宗教認為靈魂附在人的軀體上作為主宰，靈魂離開軀體後人即死亡。

形如木船翻扣的玉泉山

普淨答道：「老僧法名普淨，以前與將軍在沂水關鎮國寺中見過面，難道將軍忘了嗎？」

原來關羽千里走單騎，沂水關守將卞喜欲害他，幸虧普淨相救，才逃脫性命。

關羽連忙施禮答道：「承蒙相救，銘感不忘，關某今天遇禍而亡，請示師父慈悲開示，指點迷途。」

普淨點頭說：「昔是今非，一切休論。後果前因，彼此不爽，今天將軍被呂蒙所殺，人喊『還我頭來』，然而將軍生前，誅顏良，殺文醜，過五關，斬六將，那些人的頭，又叫誰去還呢？」

關羽聽了普淨的話，恍然大悟，心悅誠服，於是皈依普淨，從此之後，常常在玉泉山顯聖護民。當地老百姓感激他的恩情，集資在玉泉山頂，修建一座顯聖祠來紀念他。

後來，顯聖祠搬到山腳下，一位文人，為祠堂題了一副對聯：

赤面秉丹心，騎赤兔追風，馳驅時無忘赤帝；

青燈觀青史，仗青龍偃月，隱微處不愧青天。

公元五二八年，梁武帝在普淨庵原址上又造寺五座，建堂三所。因玉泉山形似覆舟，梁武帝便為此寺院取名覆船山寺。現在，在玉泉寺寺南的廟坪村，仍留有當時寺院的遺址。

陳文帝陳蒨（公元五二二年至五六六年），一名茜，又名荃蒨，字子華，是南北朝時期陳朝開國皇帝高祖武長兄陳道談的長子，陳朝第二位皇帝。在位七年，年號天嘉。在位時期，勵精圖治，整頓吏治，注重農桑，興修水利，使江南經濟得到一定的恢復。是南朝歷代皇帝中難得一見的有為之君。五六六年崩，享年四十四歲。

公元五六二年，陳文帝敕修山中顯烈祠，俗稱小關廟。這些廟宇的修建，讓玉泉山變得逐漸熱鬧起來。

【閱讀連結】

玉泉山因山北麓有嗽玉噴珠的玉泉水而得名，山形遠望如一大木船翻扣下來，所以玉泉山最早也叫做「覆船山」。

現存的玉泉寺號稱「荊楚第一叢林」，所謂叢林寺廟，顧名思義就是寺廟建在樹林之中。而普淨大師當年對玉泉寺的選址正是將此寺建在綠樹叢林之中。

相傳，普淨禪師在此地打坐修行十多年，為玉泉寺的形成奠定基礎。前秦時道安弟子道立，北齊時法隱、法常，後梁時法忍、法論等均曾入山修行問道，使玉泉山的寺廟得到進一步的發展。

▌隋文帝助智者創建玉泉寺

佛教天台宗創始人智者大師在玉泉山正式創建玉泉寺。據說，這位智者大師和親自繪製國清寺寺院格局的智者大師為同一人。

公元五九二年十二月，智者大師率領弟子回到故鄉荊州省親。這是他自公元五五五年離開故鄉後第一次回來，相隔整整三十八年。

■梁武帝蕭衍（公元四六四年至五四九年），字叔達，小字練兒。今江蘇省常州市新北區孟河鎮萬綏村人。南梁政權的建立者，廟號高祖。他原來是南齊的官員，五〇二年，

齊和帝被迫「禪位」於蕭衍，南梁建立。蕭衍在位時間達四十八年，在南朝的皇帝中列第一位。

智者大師回到家鄉，想要在這裡竭力宣傳佛法，來報答故鄉對他的養育之恩。但是，這位智者大師僅僅只是一個傳教的僧人，並沒有很多的錢財修建寺廟。於是，他便請曾經邀請他去揚州傳戒的晉王楊廣想辦法。

傳戒：佛教中重要的佛事活動，也是佛教中最隆重、最莊嚴的法事。由具有一定資格的僧人或佛教徒主持，設立法壇、傳授戒法的儀式，叫做傳戒，亦稱開戒或放戒。要求並參加這種接受戒法的人，參加這種傳承儀式，叫做受戒。就求戒的人來說，也稱為受戒、納戒或進戒。

■密林中的玉泉寺

智者大師把自己想要在荊州當陽縣玉泉山陲建造寺廟的事寫信告訴晉王，並為晉王講述當地地形和設計方案。同時，他還送給楊廣一件萬春樹皮袈裟。

可不要小看了這件袈裟，據說，這還是梁武帝時送給智者大師的祖輩的。在梁代時，這種袈裟一共僅有四件，但到隋代這時便僅存一件了。

智者大師將信和袈裟交給徒弟智璪送去揚州。

晉王很快收到智者的信和袈裟，他非常高興，決定幫助智者完成心願。

一天，楊廣奉旨入朝進覲父王楊堅，這時，他沒有忘記向楊堅彙報智者的情況，並請父皇賜給智者修建玉泉寺的寺額。

隋文帝楊堅本來就是一個信佛之人，他立即答應賜給智者修寺費用，並敕書批准。

敕書：敕，即敕命、敕諭。是皇帝任官封爵和告誡臣僚的文書。敕最早是由西漢的戒書發展而來的。後經魏晉南北朝繼承沿用，至唐宋元代敕書的種類有所增加。明清時期，敕的用途更為廣泛，規格形式也更為完備。

■寺內新建智者大師塑像

修建寺廟的經費到位以後，玉泉寺便開始正式的修建。從公元五九一年秋起建，到公元五九二年春天，寺廟基本修成。

寺廟建成之後，當陽縣令皇甫毗參觀了寺廟，並撰寫碑文以記其事。

隋文帝又賜來「一音」寺額，後來此區移至覆船山東麓建寺，隋文帝改賜「玉泉」寺額。

智者大師在玉泉居住兩三年時間，在此地廣開講筵，一時學了雲集，使玉泉寺名氣大增。

同時，智者大師還在此闡發他晚年比較成熟的佛學思想，並由其弟子章安尊者整理成《法華玄義》、《摩訶止觀》，與《法華文句》並稱「天台三大部」。玉泉寺也因此而成為中國佛教天台宗的一大祖庭。

玉泉寺為智者大師始建，為此，後人為了紀念他的功德，公元二〇〇八年時，又在寺內修建一座智者大師塑像。

在玉泉寺的發展歷史中，雖然經過多次修建，但主體建築的格局卻是由智者大師奠定下來的。到現在為止，寺內還存有從隋朝流傳下來的文物古蹟。

匾額：是古建築的必然組成部分，相當於古建築的眼睛。匾額中的「匾」字古也作「扁」字。是懸掛於門屏上作裝飾之用。反映建築物名稱和性質，表達人們義理、情感之類的文學藝術形式即為匾額。但也有一種說法認為，橫著的叫匾，豎著的叫額。

玉泉寺的大雄寶殿門正中懸掛「智者道場」四個大字匾額，便是後來成為隋煬帝的楊廣，為嘉獎智者在玉泉寺的開創之功而親賜予的。

同時，玉泉寺內的大雄寶殿也始建於隋代，它是寺院的主體建築，是佛教徒拜佛的主要殿堂，也是湖北省最大的殿堂。

■玉泉寺大雄寶殿

　　這大雄寶殿和其他寺院大雄寶殿的不同在於，此殿的主體梁架是以七十二根金絲楠木立柱支撐，上面沒有一顆釘子相互銜接，立柱周圍達二點二公尺。

　　金絲楠木是中國特有的優良木材，材色一般為黃中帶淺綠，也有例外，呈黃紅褐色。金絲楠木中的結晶體明顯多於普通楠木，木材表面在陽光下金光閃閃，金絲浮現，有一種至尊至貴的高雅氣息。

　　在現存的大雄寶殿前還放著一口隋代鐵鑊。此鐵鑊重一點五噸，高八十九公分，口沿直徑一百五十七公分，上面鑄有銘文。

　　這口鐵鑊造型渾厚古樸，距今已有一千三百多年的歷史，這對研究中國隋代衡計制度和冶煉技術具有重要的價值。

　　另外，在大雄寶殿前平列的兩口方形荷花池內，還培育罕見的並蒂蓮花。

■並蒂蓮屬荷花中的千瓣蓮類，是花中珍品，集蓮荷之精華於一身，尤能引人入勝。自古以來，人們便視並蒂蓮為吉祥、喜慶的徵兆，善良、美麗的化身。文學作品中比喻恩愛的夫妻。

蓮花和菩提樹、婆羅樹、龍腦香一起，列為佛教的四大聖樹。這裡的蓮花不是我們常見的紅蓮、白蓮，而是世間稀有的並蒂蓮。它是在同一個蒂柄上並列開著兩朵花，在花瓣裡並列著兩個花蕊。這兩個花蕊被重重疊疊的花瓣緊緊環抱著，越到蕊部，色彩愈濃，由粉紅、深紅轉為胭脂紅，好看極了。

傳說，這裡的並蒂蓮原產浙江舟山群島，隋朝開皇年間，寺中有位白意長老，到舟山普陀山進香朝拜時帶回一枝，種在玉泉寺池內，現在的並蒂蓮就是它的後代。

龍腦香是熱帶雨林中重要的樹種。主要有用化學成分為樹脂。樹脂是無定形的高分子化合物混合體，主要用於噴漆工業。木材紋理細緻，堅硬耐用，耐濕力強，可造船隻、橋梁、家具等。

【閱讀連結】

據說，玉泉寺在當初興建大雄寶殿時，需要一百根金絲楠木，可是工匠們找遍湖北的大山神農架，一根也沒有找到。後來只得不遠千里，翻山越嶺到四川的原始森林中去找，他們翻了一百座山，過了一百道河，走了一百天，才在峨眉山找到一百根金絲楠木。

這時候，玉泉寺大雄寶殿的台基已夯平，雕飾蓮花瓣的柱礎已經安放到位，只等那一百根又粗又直又長的木料做立柱梁架了。木料遲遲不到，急壞了廟裡的老方丈。他去請來領工的木匠師傅想辦法，老師傅說，不要緊，月亮圓的那天，我自有辦法。

八月十五那天，老師傅在後院畫了一個圓圈。之後，這個圓圈變成了一口井。

與此同時，峨眉山的木料，趁著中秋節長江漲水，一根接一根，漂到西陵峽中的黃鱔洞，鑽進去，然後從老師傅畫的井中冒了出來。當冒到第九十九根的時候，老師傅喊了一聲「有了」，就再沒有冒了。原來，老師傅是故意留下了一棵作為古蹟。

老師傅又把這九十九根楠木刨下來的刨花，一層層地捲起來，捲了一根又粗又直的「刨花梁」，做為大雄寶殿的脊檁。

▋宋代重修後為荊楚叢林之冠

公元九八一年的一天，玉泉寺來了一位不尋常的客人。這位客人名叫劉氏，四川成都人，她和家人到此處遊玩，路經玉泉寺，便在寺中借宿。

此時，玉泉寺中的住持正是慕容禪師，他心生慈悲，吩咐客堂好生招待。慕容禪師擅長看面相，見了這位劉氏女子，觀其面貌，知其日後必是大貴之人。

第二天，劉氏告辭，慕容取出白銀百兩，贈與劉氏做盤纏。劉氏臨行，又到大殿頂禮膜拜，許下心願，日後交上好運，一定回寺還願修廟。劉氏到了京城，經人引薦，進入宮中，先是被納為德妃，後來冊封為宋真宗趙恆的明肅皇后。明肅皇后念念不忘玉泉寺，由京城東下，到玉泉寺還願。

再說慕容禪師聽說皇后將到寺院來還願，立即調集工匠，在寺內通往大雄寶殿處興建一座梳妝台，專供皇后居住。明肅皇后駕臨玉泉寺，見過恩師慕容，又到大殿內禮佛還願，並捐白銀三千兩擴修寺廟。

　　經過擴修的玉泉寺，後來又被明肅皇后重新賜名「景德禪林」。

　　話說這明肅皇后在玉泉寺內每天上香拜佛，起床很早。一天清晨，起床梳妝後，她聽得樓外的水塘裡，無數只青蛙呱呱地叫個不停，皇后聽了，一時心煩，隨口說了聲：「這些畜生，一時不叫，讓我安心梳頭吧！」

　　水塘中的青蛙聽了皇后的話，一個個閉口不叫了。青蛙將「一時不叫」聽成了「一世不叫」，直到現在，玉泉寺內天王殿通向大雄寶殿的甬道兩旁，放生池中的青蛙再也沒有叫過。而且，如果把玉泉寺放生池的青蛙捉到玉泉寺外，它又呱呱地叫開了；把玉泉寺外的青蛙捉到放生池中，它卻默然無聲了。這是什麼原因呢？

　　根據科學測定，青蛙叫是有條件的，溫度起碼要在攝氏二十三度以上，而玉泉寺放生池常年恆溫在攝氏一八度至二十度之間。低溫環境不適於蛙類配偶，所以，玉泉寺的青蛙，特別是放生池中的青蛙很少鳴叫。

■寺內現存的北宋鐵塔

　　北宋年間，玉泉寺因為有了皇后的光臨，所以一直得到很多關注。到公元一〇二一年，寺院得到再次擴建。這次擴建後，玉泉寺占地左二點五公里，右二點五公里，前後五公里。為樓者八，為殿者十八，僧舍三千七百，被評為「荊楚叢林之冠」。

公元一○六一年，寺院又修建一座鐵塔，本名「佛牙舍利塔」，俗稱「棱金鐵塔」、「千佛塔」，為重新埋葬唐高宗、則天皇后所授舍利而鑄建。

公元一九九○年代中期，當陽市文物部門給鐵塔進行落架正形。在落架正形的過程中，負責人驚喜地發現此塔的塔基下深藏無數珍寶。其中以武則天親賜玉泉寺的佛牙舍利子和皇室供奉的水晶珠、鎏金菩薩等國寶最為珍貴。

為此，當陽市文物部門申報上級有關部門，經批准，興建鐵塔地宮，將國寶陳列其中，供遊客觀賞。

玉泉寺內現存鐵塔位於三圓門進門右邊的土坡丘台上，它與寺內的隋代鐵鑊、唐代吳道子石刻觀音像堪稱「玉泉三絕」，也稱玉泉文物「三件寶」。

鐵塔為仿木構樓閣式，八角十三級，通高十六點九四五公尺，重兩萬六千七百四十二公斤。由地宮、塔基、塔身、塔剎四部分組成。通體不施榫扣，不加銲接，逐件疊壓，自重以固。每層塔有四門對開，塔壁中央鑄有眾多佛像，大小各異，儀態端雅。整個塔身挺拔纖瘦，穩健玲瓏。塔座鑄有八尊金剛武士，塔身雕有千餘個佛像。塔頂飛簷斗拱，龍首凌空。

榫扣：是古人在竹、木、石製器物或構件上，利用凹凸方式相接處凸出的部分。由榫銷、榫眼、榫鑿和榫卯組成。其中，榫銷指插入榫上銷孔中的銷，榫眼指榫卯相接處為容納榫頭而鑿出的窟窿，即器物咬合的凹下部分。榫鑿指用來鑿切榫眼的鑿子接合處。

與其他寺院佛塔不同的是，這座鐵塔微微向北傾斜。據說，這是因為宋代工匠為了減弱冬季凜冽的北風對鐵塔的影響，特意將塔的上半身向北傾斜。

這座修建於北宋時期的鐵塔是中國現存最高、最重、最完整的鐵塔之一，對研究中國古代冶金鑄造、金屬防腐、營造法式、建築力學、鑄雕藝術以及佛教史，具有十分重要的價值。

【閱讀連結】

關於玉泉鐵塔的來歷，民間還流傳一段神話故事：

　　傳說，在遠古時代，三峽區域有惡魔滋擾百姓。觀音菩薩算準惡魔將於某日雞叫頭遍時在宜昌小溪塔現身，於是帶著一座寶塔前去鎮魔。不想當陽土地公貪戀那塔是個寶貝，在菩薩將過當陽時學起雞叫。

　　菩薩一疏忽，以為到了鎮魔之地，於是丟下寶塔，那塔便留在當陽。由於菩薩丟得匆忙，鐵塔至今還是斜的。事後，菩薩知道自己被騙，一怒之下，一掌將當陽土地公公的嘴打歪了。如今，當地還流傳著「小溪塔有溪無塔」、「歪嘴土地爺」等傳說。

▎明朝詩人協助無跡禪師修寺

　　公元一三六八年一月二十三日這一天，中國歷史上迎來一件大事。農民起義軍領袖朱元璋結束元朝統治，建立明朝，改元洪武，定都南京。

■ 玉泉寺建築

　　這位朱姓皇帝出身貧農家庭，小時候曾在直覺寺做過和尚，當上皇帝以後，非常重視明朝的佛教事業。他聽說很多寺廟的還使用從前帝王的賜名，便特賜這些寺廟恢復原本的名字。為此，名為景德禪林的玉泉寺也得以恢復寺名。

■寺內早期損壞的古建築

　　不過，雖然玉泉寺的名字在這個時候得到恢復，但它本身的建築卻並沒有得到修復。

　　玉泉寺從南宋紹興年間開始，便屢遭戰火。到這個時期，玉泉寺又剛剛毀於元代兵火，陷入困境。這種困境直到明萬曆年間才重新有了改變。

　　為玉泉寺帶來新生的是無跡禪師，他本名正誨，俗姓劉，是湖北當陽人。明萬曆至天啟年間為當陽玉泉寺住持。

　　無跡禪師於明萬曆年間來到玉泉寺，這座名剎此時正是一片破敗景象。

　　為了復建這座千年古剎，無跡禪師四處奔波，募捐經費。

　　無跡禪師精通儒學，極富詩才。一生著有《八識格莊子注》及大量詩文。其詩長於抒懷寫景，文詞樸實，意境清新。於崇禎元年（一六二八）圓寂，終年八十三歲。

■寺內現存建築

一天，無跡與詩人袁宏道在都城北京相遇。在詩人袁宏道的幫助下，大規模重修玉泉寺。

關於玉泉寺在明代的這次規模最大的重修，許多史籍均有記載。

袁中道在《遊玉泉記》中寫道：

浸至近代，僅存一殿，欹側欲顛。跡公居度門，傷其荒蕪，有志繕修，北走神京，大開講肆。時黃平倩及予兄弟三人過之，跡公言及此寺，幾欲墮淚。

於是平倩、中郎，各草一疏。不盈一期，宮府朝野，金錢麇集。其始終營綜，中郎極為苦心。今遂煥然，復還舊觀。

經過這次大修，玉泉寺被明神宗敕賜一塊「荊楚第一叢林」的匾額，立於寺院山門殿額上。

現存的玉泉寺保留當年的建築風格，重檐歇山頂式，依山而建，雄偉壯觀。

　　其中，玉泉寺現存的大雄寶殿周圍廊道就是修建於明代。大雄寶殿是玉泉寺的主體建築，始建於隋初，鼎盛於唐宋，明成化修復。增建四周圍廊，達到面闊九間，進深七間，占地一千兩百五十三平方公尺。

　　大雄寶殿是釋迦牟尼講經說法的大廳，是寺院眾僧做早晚功課和大型佛事活動的地方。寶殿規模宏大，結構嚴謹，外形雄偉壯觀，是湖北省現存最大最古老的木結構建築。為了保護這一年久失修的古建築，公元一九八二年至一九八四年，中國政府撥出專款，又對大殿進行落架大修。

■玉泉寺香台

全工程共用四萬名工人，木料八百多立方公尺。重新製作龍脊和大小獸等藝術構件兩千餘件，更新全部格扇門窗，修補天花藻井九十一塊。並按原樣油漆彩繪，再現明代風貌和中國傳統建築的精湛技藝。灰頂朱柱、飛簷翹角、典雅大方，以古樸莊重的雄姿聳立在美麗的玉泉山下。

天花藻井：天花是室內琉璃瓦梁架之下設置的部件，既可遮擋梁架，又可施各種彩繪。藻井是一種高級的天花，一般用在殿堂明間的正中。如帝王御座之上，神佛像座之上，圖案形式有方，矩形，八角，圓形，斗四，斗八等。

彩繪：在中國自古有之，被稱為丹青。常用於中國傳統建築上繪製的裝飾畫。中國建築彩繪的運用和發明可以追溯到兩千多年前的春秋時代。它自隋唐期間開始大範圍運用，到了清朝進入鼎盛時期，清朝的建築物大部分都覆蓋了精美複雜的彩繪。

古剎玉泉寺文物眾多，陳列在大雄寶殿前的除了一口隋代鐵鑊外，還有一個元代和明代留下的化香爐和大鐵鐘。

大雄寶殿中間供奉三尊佛像：中座供奉佛教最高領袖釋迦牟尼，右手向上屈指，表示說法的姿勢，用佛教理論，武裝僧人頭腦，大殿兩側的十八羅漢都是聽經聞法的。

佛祖的右座是藥師佛，一手持鉢，內盛甘露，一手執藥丸，為世人治病消災；佛主的左座是阿彌陀佛，掌中有一蓮台，又稱接引佛，負責接引眾生到西方極樂世界去。

大雄寶殿背面是觀音，觀音的坐騎是神獸「四不像」，頭像獅卻有角，身似馬，尾似牛，腳似雞。「四不像」是一種猛獸，被觀音降伏成為坐騎。

和其他寺院的大雄寶殿相比，玉泉寺的「大雄寶殿」內部真的與眾不同，除建築材料、結構、布局等特別以外，更顯得格外莊重、肅穆。可以說是絕無僅有。正因為如此，玉泉寺的大雄寶殿被稱為玉泉寺的「四絕」之一。

【閱讀連結】

　　被稱為「天下四絕」的玉泉寺本身也有「四絕」：一絕名塔，玉泉鐵塔；二絕名殿，大雄寶殿；三絕名泉，珍珠泉；四絕名山，玉泉山。

　　玉泉山是經中國國務院批准為國家森林公園的，山上的樹種多達三百餘種，其間以「三白九柳一棵松」最為著名。「三白」就是三棵唐代銀杏。一棵松即夜明松，松樹的葉子白天張開，夜晚合攏。「九柳」就是九棵千年古柳，有一棵古柳叫「迎賓柳」，它伸出綠色的臂膀，正是歡迎遠道的客人。

新時期重修後的殿堂風采

　　俗話說：「山不在高，有仙則名；水不在深，有龍則靈」。玉泉山融名山、名水、名寺、名人為一體，名冠三楚，久傳不衰，現為中國3A級風景名勝區。馳名中外的古剎玉泉寺就靜臥玉泉山的腳下。

■玉泉寺新修山門

　　公元一九四九年，全寺共有殿宇五十處，共三百九十六間，建築面積一百二十畝。公元一九七八年後，有關部門對玉泉寺進行維修，並在玉泉山前修建三國渡假村、登山台階和新山門等服務設施和基礎設施。

　　現存的玉泉寺保留明代的建築風格，重檐歇山頂式，沿中軸線是天王殿，過通道和丹池是大雄寶殿，拾級而上是毗盧殿，中軸線兩邊，西邊有西堂、祖師殿、接引殿、藏經樓和客堂等；東邊有東堂、五百羅漢堂、伽藍殿、般舟堂、玉佛殿、三聖殿等。

　　玉泉寺山門牌坊，又稱「三圓門」，門的正上方鑲嵌「三楚名山」四個蒼勁有力的金字，是中國佛教協會會長趙樸初先生所題。

　　進入山門，靠近「舍利」鐵塔邊有一條小溪，人稱小莊河。河上有一條清溪橋，過橋以後，便來寺廟的正門前。

　　正門前有兩蹲石獅子，門額上寫「玉泉寺」三個大字。從此門進去，後面便是龐大的寺廟群。天王殿是玉泉寺的第一殿，殿中供奉六尊佛像。迎門的是笑口常開、大腹便便的漢白玉石彌勒佛。在彌勒佛兩側是四大天王，在彌勒佛的背後，是威武雄壯、一臉嚴肅的韋馱菩薩，據說，他的職責是維護佛法尊嚴。天王殿的後面是雄偉的大雄寶殿，在天王殿通向大雄寶殿的甬道兩旁有放生池，也叫丹池。

　　漢白玉石：是一種晶瑩潔白的大理石，色白純潔，內含閃光晶體，給人一塵不染和莊嚴肅穆的美感，多作為雕塑人像、佛像、動植物等。

■玉泉寺山門牌坊

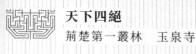

■寺廟正門

　　在大雄寶殿兩側，有東西配殿伽藍殿和祖師殿。東配殿伽藍殿是梵語「僧伽藍摩」的簡稱，意為「僧園」，後來成為寺院的總稱。伽藍殿是為紀念最早護持佛法、建立伽藍的三位善士而設立的。殿內居中是波斯匿王，左邊是祇陀太子，右邊是給孤獨長者。

　　波斯匿王是中印度憍薩羅國國王，兼領有迦尸國，與摩竭陀國並列為佛陀時代的大強國。波斯匿王與佛陀同齡，曾和佛陀辯論而結成好友，視佛陀如師，在印度與頻婆娑羅王同是護持佛教的兩大國王。

　　西配殿祖師殿用來紀念禪宗的宗派祖師。居中是禪宗的創始人達摩禪師。左側供奉的是六祖慧能。右側供奉百丈禪師。

　　沿大雄寶殿右側的台階拾級而上，便是毗盧殿，毗盧殿裡供奉的是毗盧佛，是釋迦牟尼的法身像，即三世佛，所謂「三世」，即過去、現在、未來為三世。在大殿的右邊是可供百人吃齋的客堂，左邊是新建的「西竺遺風」。

　　玉泉寺內中軸線西邊的西堂供奉關公的佛像。內中軸線東邊的東堂供奉護法神韋馱，他身著武服，手持金剛杵，不像天王殿後門的韋馱沒有持武器。

韋馱是佛的護法神。為南方增長天王手下八將之一，也是四天王三十二將之首，是僧團、寺院及齋供之最著名的護法神，職責是護法安僧。據說在釋迦佛入涅時，邪魔把佛的遺骨搶走，韋馱及時追趕，奮力奪回。因此，佛教便把他作為驅除邪魔、保護佛法的天神。從宋代開始，中國寺廟中供奉韋馱，稱為韋馱菩薩，常站在彌勒佛像背後，面向大雄寶殿，護持佛法，護助出家人。

■寺內佛像

毗盧殿以北是四合院結構的般舟堂。始建於北宋，現建築為清末重修。般舟，意即借智慧之舟達到勝利的彼岸。

進入般舟堂，正中間是古色古香、獨立成院的「玉佛殿」。殿正中供奉緬甸國家贈送的睡臥佛像，佛像右手枕窗，左手搭膝，作吉祥臥，是釋迦牟尼圓寂時安詳仙逝的姿勢。

吉祥臥：是佛教的一種修行姿勢，意思是朝右側臥躺。佛說《長阿含經》中記載，釋迦牟尼臥時總是採右側臥姿勢，同時世上許多臥佛佛像也都是右側臥姿。

玉佛殿的右側是「三聖殿」，供奉阿彌陀佛、觀世音菩薩和大勢至菩薩，合稱西方三聖。

　　勢至：具名大勢至菩薩，得大勢，阿彌陀三尊之一。侍於阿彌陀之右脅，主佛之智門者，菩薩之大智至一切處，故名大勢至。

　　在般舟堂院內，還有著名植物八月桂。如果說八月桂在神州華夏遍地皆是，那麼此處的月月桂則是世間所稀有的，所以，當陽市把月桂定為當陽的市樹和市花。

　　從般舟堂出來，向北不遠處是玉泉寺的羅漢像。過去，這裡是當陽縣出土文物展覽館。公元一九九〇年，玉泉寺在此殿新塑五百羅漢像。八月十五日，玉泉寺鐘鼓齊鳴，香菸繚繞，湖北省佛教協會昌明法師，和玉泉寺方丈明玉法師主持五百羅漢開光儀式。這五百羅漢像，吸取北京碧雲寺、成都寶光寺等地羅漢塑像的長處，栩栩如生，為玉泉寺增色不少。

　　這些羅漢佛像，儀態萬千，表情各異，或怒目圓睜，或拈花微笑，或低眉垂目，或憂傷愁苦，但都唯妙唯肖，各具深意。再加上不時響起的悠揚鐘聲和誦經大師的禪唱以及他人虔誠的跪拜，讓人不由得也生出幾分虔誠之意，心頭頓時一片空明和寧靜。

　　玉泉寺北側顯烈山下有中國最早的關廟—顯烈祠，祠前有一泓珍珠泉水，俗名「金龍池」，相傳為三國蜀將關羽死後顯靈之處。

　　珍珠泉為中國三大間歇名泉之一，宋朝蘇軾稱之為「漱玉噴珠」，明朝的袁宏道讚之為「珠泉跳玉」。遊人若臨岸靜觀，則清碧如玉，泡如珍珠，若擊掌跺石，則泉沸水湧，迭如貫珠，其水質甘洌醇香。

■寺內殿堂

泉南山腳豎有明萬曆所立的石望表，上面刻「漢雲長顯聖處」；望表西有清代阮元以楷體書「最先顯聖之地」石碑一通。

珍珠泉上珍珠橋為現代增建，珠泉虹橋交相輝映，分外妖嬈。循寺北向西，在溪水湛天、千年銀杏、獅子崖、梅花井、智者洞、宋敕修傳燈錄院遺址、金霞洞、一線天；向南有退居、紫柴庵、幻霞洞等人文景觀、名勝古蹟深藏幽谷，給玉泉山更添幾分色彩。

【閱讀連結】

那麼，為什麼關公進了玉泉寺的佛堂呢？這與關公「稽首皈依」有關。

「稽首」，就是叩頭到地，「皈依」就是歸順依附，關公在世殺人過多，死後歸順佛門，立地成佛，並為興建玉泉寺大顯神力。佛教要在中國立住腳，必須儒化，而關公是深得人心的儒佛，於是就把他請到佛門來了。關公入佛大大地提高佛教的地位和影響。

國家圖書館出版品預行編目（CIP）資料

天下四絕 / 李樂 編著 . -- 第一版 .
-- 臺北市：崧燁文化，2019.11
　　面；　公分
POD 版

ISBN 978-986-516-086-9(平裝)

1. 寺院 2. 佛塔 3. 中國

227.2　　　　　　　　　　　　　　108018208

書　　名：天下四絕

作　　者：李樂 編著

發 行 人：黃振庭

出 版 者：崧燁文化事業有限公司

發 行 者：崧燁文化事業有限公司

E-mail：sonbookservice@gmail.com

粉 絲 頁：　　　　　　網 址：

地　　址：台北市中正區重慶南路一段六十一號八樓 815 室

8F.-815, No.61, Sec. 1, Chongqing S. Rd., Zhongzheng

Dist., Taipei City 100, Taiwan (R.O.C.)

電　　話：(02)2370-3310 傳　真：(02) 2388-1990

總 經 銷：紅螞蟻圖書有限公司

地　　址：台北市內湖區舊宗路二段 121 巷 19 號

電　　話:02-2795-3656 傳真:02-2795-4100　　　網址：

印　　刷：京峯彩色印刷有限公司（京峰數位）

定　　價：299 元

發行日期：2019 年 11 月第一版

◎ 本書以 POD 印製發行